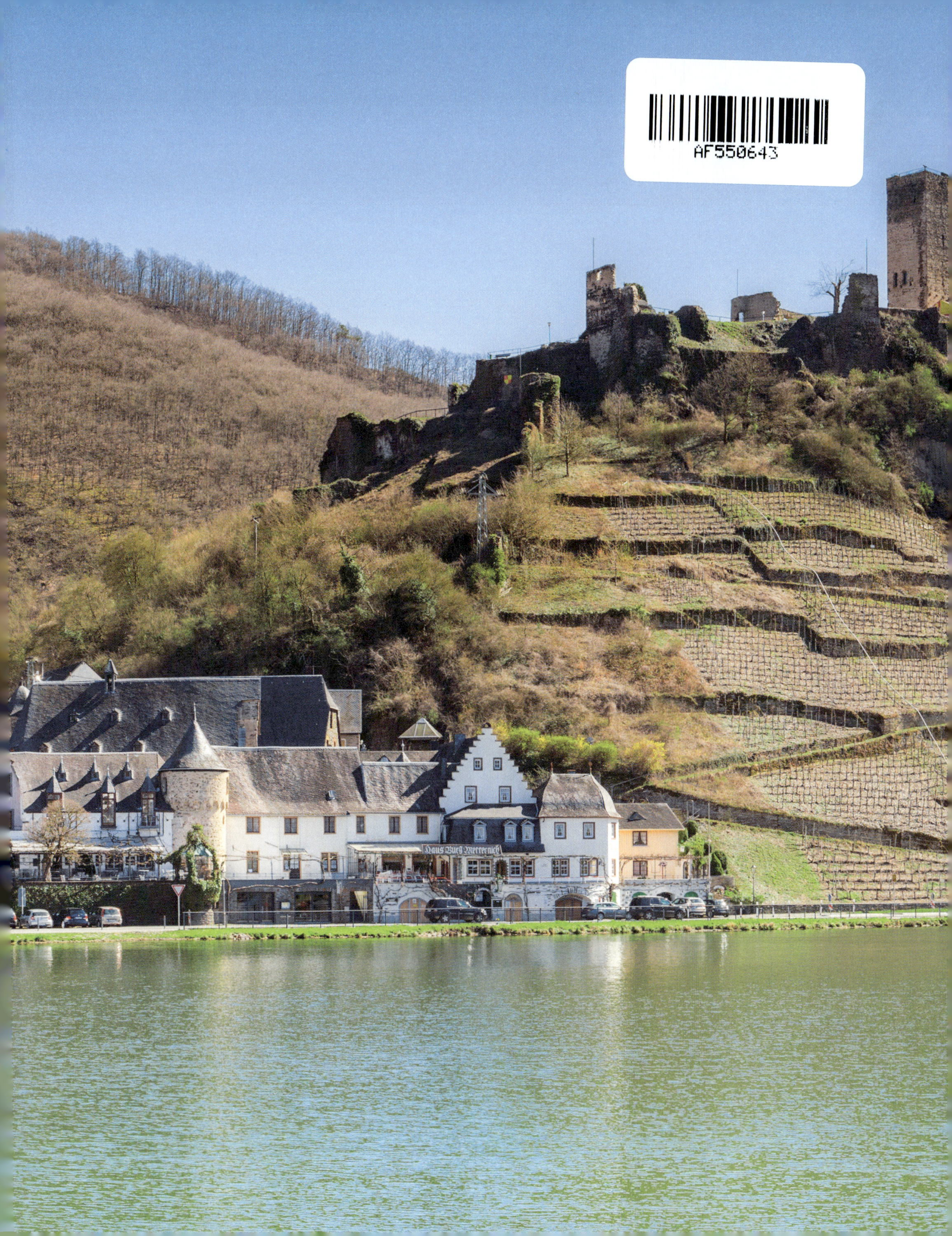
Haus Burg Metternich

IMPRESSUM

Math. Lempertz GmbH
Hauptstraße 354
53639 Königswinter
Tel.: 02223 / 90 00 36
Fax: 02223 / 90 00 38
info@edition-lempertz.de
www.edition-lempertz.de

www.facebook.com/MIXtippRezepte

Fotos und Titelbild: Jo Kirchherr, www.jokirchherr.com

weitere Fotos:
©Adobe Stock: JFL Photography, Monika Timm, Arcady, nys, Limolida Studio

©Sylvia Lühert

Rezepte: Dorothee Holsten, Sylvia Lühert

Lektorat: Annemarie Ulrich
Layout/Satz: Kerstin Pfeiffer
Gesamtproduktion: Print Consult GmbH
Printed and bound in Czech Republic

ISBN: 978-3-96058-340-0

Sylvia Lühert und Dorothee Holsten

Winzerküche

Rezepte mit dem Thermomix®

LEMPERTZ

Inhalt

Desserts

Zum Verschenken

Tradition meets Thermomix®: Das Beste aus der Winzerküche

„Du hast auch einen Schweizer Sennenhund!" Dieser Satz stand wahrscheinlich am Anfang unserer Freundschaft. Vier Jahre und eine Million Thermomix®-Signaltöne später halten wir nun das gemeinsame Kochbuch in den Händen. Ja, unsere Hunde Marla und Lieschen, die im Doppelpack fast 100 kg auf die Waage bringen, haben uns zusammengeführt. Die Gassigänge durch die Weinberge und Steillagen der Terrassenmosel inspirierten uns, ein weiteres Hobby gemeinsam umzusetzen: das Kochen mit dem Thermomix®. Sylvia, als bereits routinierte Kochbuch-Autorin und Dorothee aus Überzeugung und Leidenschaft. Als ziemlich gutes Koch-Team beweisen wir uns regelmäßig in der Zeitschrift „MIXX" im HEEL-Verlag. Darin kreieren wir sechsmal jährlich saison- und themenschwerpunktorientierte Rezepte, verfeinern und optimieren sie. Das Feedback zeigt: Das machen wir wohl richtig gut, Hand in Hand und mit jeder Menge Spaß dabei.

Nun also das Buch. Was lag näher, als sich dabei regional zu orientieren, sozusagen direkt vor der Haustür? Wir leben beide nahe Koblenz, bündig zu Rhein und Mosel, und haben es bei jedem Spaziergang direkt vor Augen: den Flusslauf, die Reben, die Trockenmauern, den Schiefer, die Weingüter, die Äcker, die Fallobstwiesen und die Straußenwirtschaften. Wir wohnen inmitten dieser märchenhaften Kulturlandschaft, deren Küche so herrlich deftig, erdverbunden und authentisch daherkommt. Eigentlich ganz simpel: Sie basiert auf dem, was die Natur vor Ort eben hergibt. Die Hauptakteure: Kartoffeln, Äpfel, Porree, Birnen, Aprikosen, Zwiebeln, Walnüsse, Weinbergpfirsiche, Quitten und Spargel. Auf Fleischseite: Schweine- und Rindfleisch, besonders beliebt dabei Schmalz und Schinkenwürfel. Dazu viel Butter, Schmand, Schafskäse und jede Menge Kräuter. Und natürlich nicht zu vergessen die Köstlichkeiten aus dem Weinkeller: Riesling, Trester und Gewürztraminer.

All das karrten wir für die Umsetzung dieses Kochbuches kiloweise heran, kauften beim Winzer und bei regionalen Höfen ein oder – noch schöner – ernteten direkt im Garten.

Für die Gerichte selbst stöberten wir in alten Rezeptbüchern und in manch handgeschriebener Zettelsammlung. Beeindruckend war der Pragmatismus, mit dem die Original-Rezepturen formuliert waren: wenige Zutaten, einfach zubereitet, kompakt zum Löffeln – ja, vieles war ursprünglich für die Pause während der Weinbergsarbeit gedacht!

In einem ersten Schritt machten wir uns also ans Verfeinern. In unseren Rezepten bekommt das Schweinefilet eine feine Kräutergesellschaft, auf die Käsesuppe rieselt nun feiner Nuss-Crunch und unsere Weinbergpfirsiche dürfen in einem Streuseltraum versinken. Wenn man so will, haben wir den traditionellen Rezepten das Feinschmecker-Krönchen aufgesetzt und sie dann für den Thermomix® übersetzt. Sie kommen immer noch herrlich unkompliziert daher und haben nichts an ihrer Deftigkeit und Authentizität verloren. Einfach lecker! Somit ist uns etwas gelungen, was laut Zeitachse erst einmal widersprüchlich wirkt: Tradition meets Thermomix®. Wir bringen in diesem Kochbuch beides auf delikate Weise zusammen.

Es wäre viel zu einfach, jetzt nur „Gutes Gelingen!" zu wünschen. Wer den Ziegenkäse über dem Flammkuchenteig zerbröselt, die Apfelschnitten auf die Tarte fein schichtet oder die Feigen pikant auffüllt, der wird es vielleicht auch spüren: diese tiefe Erdung, die diese Arbeitsschritte in uns auslösen. Das bleibt trotz Thermomix® unbenommen. Anschließend kann man dann mit den Lieben in schöner Runde die zubereiteten Speisen genießen.

Dafür steht dieses Winzerkochbuch, das weit über die klassischen Weinbergsregionen hinaus Genuss bietet.

Guten Appetit wünschen euch
Sylvia Lühert und Dorothee Holsten

VOR-SPEISEN

Dreierlei Spundekäs

Mit Paprika

Für den „Spundekäs mit Paprika“ die Schalotte und den Knoblauch in den Mixtopf geben und **5 Sekunden/ Stufe 5** zerkleinern, anschließend mit dem Spatel nach unten schieben. Die restlichen Zutaten hinzufügen und **10 Sekunden/ Stufe 3** miteinander vermischen. Die Masse anschließend umfüllen und kaltstellen.

Zutaten

1 Schalotte, geschält, halbiert
1 Knoblauchzehe, geschält
100 g Frischkäse
125 g Sahnequark (40 %)
2 TL Paprika, edelsüß
Salz

Mit Schnittlauch

Für den „Spundekäs mit Schnittlauch“ die Schalotte in den Mixtopf geben und **5 Sekunden/ Stufe 5** zerkleinern, anschließend mit dem Spatel nach unten schieben. Die restlichen Zutaten hinzufügen und **10 Sekunden/ Stufe 3** miteinander vermischen, anschließend umfüllen und kaltstellen.

Zutaten

1 Schalotte, geschält, halbiert
100 g Frischkäse
125 g Sahnequark (40 %)
1 Bund Schnittlauch, gewaschen, trocken geschüttelt, mit der Schere in feine Ringe geschnitten
Salz & Pfeffer

Von der Ziege

Für den „Spundekäs von der Ziege“ beide Frischkäsesorten und Holunderblütensirup in den Mixtopf geben und **10 Sekunden/ Stufe 3** miteinander vermischen, anschließend mit Salz und Pfeffer abschmecken. Dazu passen Laugengebäck, frisches Walnussbrot (s. S. 129) oder Baguette.

Zutaten

50 g Frischkäse
100 g Ziegenfrischkäse
2 EL Holunderblütensirup
Salz & Pfeffer

Griebenschmalz auf Bauernbrot

 3 Gläser  leicht 30 Minuten + Ziehzeit

Zutaten

500 g stark durchwachsener Speck am Stück, grob zerkleinert
1 Knoblauchzehe, geschält
1 Stück Ingwer, ca. 1 cm
1 Apfel, geviertelt, Kerngehäuse entfernt
2 Zwiebeln, geschält, halbiert
1 EL Schweineschmalz
1 geh. TL Majoran
Salz
1 Msp. Chiliflocken, mild
½ TL Kümmel, gemahlen

1. Die Speckstücke in den Mixtopf geben und **30 Sekunden/ Stufe 6** zerkleinern.

2. Die Pfanne erhitzen und eine tiefe Schüssel mit Sieb bereitstellen. Die zerkleinerten Speckstücke in der Pfanne auslassen. Sobald etwas Fett ausgetreten ist, dieses in das Sieb abgießen. Den Vorgang solange wiederholen, bis in der Pfanne nur noch die festen Bestandteile (Grieben) vorhanden sind. Diese unter ständigem Rühren goldbraun rösten. Das Fett und die Grieben getrennt abkühlen lassen, am besten über Nacht.

3. Die Knoblauchzehe und den Ingwer in den Mixtopf geben und **3 Sekunden/ Stufe 7** zerkleinern. Die Reste mit dem Spatel nach unten schieben. Die Apfel- und Zwiebelstücke dazugeben und **5 Sekunden/ Stufe 5** zerkleinern. Wieder alles mit dem Spatel nach unten schieben. Das Schweineschmalz zufügen und **4 Minuten/ 80°C/ Stufe 1** andünsten. Mit Majoran, Salz, Chili und Kümmel abschmecken, in eine Schüssel umfüllen und ebenfalls über Nacht abkühlen lassen.

4. Am nächsten Tag das über Nacht abgekühlte, ausgelassene Fett in den Mixtopf geben und **30 Sekunden/ Stufe 4** hell aufschlagen. Die Grieben und die Apfel-Zwiebel-Mischung dazugeben und kurz **20 Sekunden/ Stufe 2** mithilfe des Spatels unterrühren.

5. Das Griebenschmalz in Gläser füllen und an einem kalten, dunklen Ort aufbewahren.

Schröterkäse zu Bauernbrot

 2 Portionen  leicht  10 Minuten

1. Die Petersilie (bis auf ein paar Blättchen) und den Knoblauch in den Mixtopf geben und **5 Sekunden/ Stufe 7** zerkleinern, anschließend mit dem Spatel nach unten schieben.

2. Danach den Hüttenkäse und das Sprudelwasser hinzufügen und **20 Sekunden/ Stufe 3** cremig rühren. Mit Salz, Pfeffer und Paprika abschmecken.

3. Zum Schluss noch den Käse mit der restlichen Petersilie dekorieren und mit Bauernbrot servieren.

Zutaten

1 Bund Petersilie
1 Knoblauchzehe, geschält
200 g Hüttenkäse
20 g Sprudelwasser
Salz & Pfeffer
Paprikapulver, mild
Bauernbrot, nach Belieben

Birnen-Nuss-Crostini mit Speck & Roquefort

1. Die Haselnüsse in den Mixtopf geben und **3 Sekunden/ Stufe 5,5** zerkleinern und umfüllen.

2. Das Baguette in 12 Scheiben schneiden. Anschließend den Knoblauch in den Mixtopf geben und **3 Sekunden/ Stufe 5** zerkleinern.

3. 3 EL Olivenöl in einer Pfanne erhitzen und die Baguettescheiben mit Knoblauch im heißen Öl von beiden Seiten knusprig braten, herausnehmen und auf Küchenpapier abtropfen lassen.

4. Die Birnenviertel in den Mixtopf geben und **3 Sekunden/ Stufe 5** zerkleinern. 2 EL Olivenöl in der Pfanne erhitzen. Nüsse, Speck und Birnenstücke darin anbraten. Lauchzwiebeln und Salbei kurz mitdünsten und mit Pfeffer würzen.

5. Jetzt den Roquefort zerbröckeln und zusammen mit dem Birnen-Speck-Mix auf den Crostini verteilen. Am Schluss mit etwas Meersalz bestreuen.

Zutaten

60 g Haselnüsse
1 Baguette oder Ciabatta
2 Knoblauchzehen, geschält
5 EL Olivenöl
1 große Birne, gewaschen, geviertelt, Kerngehäuse entfernt
100 g rohe Speckwürfel
½ Bund Lauchzwiebeln, gewaschen, in feine Ringe geschnitten
4 Stiele Salbei, gewaschen, Blättchen abgezupft
Pfeffer
100 g Roquefort
Meersalz

Lachs-Forellen-Terrine

4 Portionen | leicht | 25 Minuten + Kühlzeit

1. Den Schmetterling in den Mixtopf einsetzen. 300 g Sahne in den fettfreien Mixtopf geben und **unter Beobachtung auf Stufe 3** steif schlagen, umfüllen und kaltstellen.

2. Die geräucherte Forelle mit 100 g Sahne in den Mixtopf geben und **10 Sekunden/ Stufe 10** pürieren, anschließend mit dem Spatel nach unten schieben. Die geschlagene Sahne mit dem Spatel unterheben.

3. 4 Blatt Gelatine nach Packungsanweisung in Wasser einweichen. Die Gelatine ausdrücken und in einem kleinen Topf erhitzen, bis sie flüssig ist. 1 EL der Forellenmasse zu der flüssigen Gelatine geben und verrühren, anschließend in den Mixtopf geben und **10 Sekunden/ Stufe 3** unterrühren. Mit Salz und Pfeffer würzen und die Masse in eine Schüssel umfüllen.

4. Die Kastenform mit Backpapier auslegen. Die Hälfte der Fischfarce einfüllen und dann mit der Hälfte der Lachsscheiben belegen. Schmand in den sauberen Mixtopf geben, mit Salz, Pfeffer und Dill würzen und **10 Sekunden/ Stufe 3** glattrühren.

5. Anschließend 2 Blatt Gelatine nach Packungsanweisung in Wasser einweichen, dann ausdrücken und in einem kleinen Topf erhitzen, bis sie flüssig ist. 1 EL Dill-Schmand zugeben und unterrühren, anschließend in den Mixtopf geben und **10 Sekunden/ Stufe 3** unter die Schmandmasse rühren. Die Masse auf den Lachs streichen, anschließend mit den restlichen Lachsscheiben belegen und die restliche Fischfarce einfüllen. Die Form in den Kühlschrank stellen und für mind. 5 Stunden, besser über Nacht, durchkühlen lassen.

6. Die Terrine aus der Form auf eine Platte stürzen und in Scheiben schneiden. Mit ein wenig Salat und Sonnenblumenkernen dekorieren.

Zutaten

400 g Sahne
250 g geräucherte Forelle
6 Blatt Gelatine
Salz & Pfeffer
150 g geräucherter Lachs
100 g Schmand
1 Bund Dill, gewaschen, Fähnchen vom Stängel abgezupft
50 g Kopfsalat zur Deko, geputzt, gewaschen, trockengeschleudert
1 kl. Handvoll Sonnenblumenkerne

außerdem:
1 Kastenform
ca. 25 cm x 10 cm x 9 cm

Rindertatar mit Feldsalat-Mousse

 4 Portionen  leicht 30 Minuten + Kühlzeit

1. Öl in einer Pfanne erhitzen. Feldsalat in die heiße Pfanne geben und ganz kurz anbraten, er fällt sofort zusammen, anschließend in den Mixtopf geben.

2. Die Gelatine nach Packungsanweisung in Wasser einweichen. Sahne in den Mixtopf geben und mit dem Feldsalat **30 Sekunden/ Stufe 8–10** pürieren. Die Reste mit dem Spatel nach unten schieben.

3. Frischkäse zufügen und **20 Sekunden/ Stufe 4** untermischen. Gelatine ausdrücken, in einem kleinen Topf mit 4 EL Wasser erhitzen und auflösen. Das Gerät auf Stufe 3 einstellen und flüssige Gelatine tropfenweise zufügen und untermischen.

4. Die Mousse mit Salz und Pfeffer abschmecken, in Gläser füllen und am besten über Nacht in den Kühlschrank stellen.

5. Für das Tatar Schalotte, Kapern und Gurke in den Mixtopf geben und **3 Sekunden/ Stufe 5** zerkleinern. Mit dem Spatel alles nach unten schieben. Tatar, Senf und Öl zufügen, **10 Sekunden/ Linkslauf/ Stufe 3** mischen und mit Salz und Pfeffer abschmecken.

6. Tatar mit Feldsalat-Mousse auf Tellern anrichten, mit ein paar Blättchen Feldsalat und Kapern garnieren und servieren.

Zutaten

Für die Mousse:

2 EL Rapsöl
500 g Feldsalat, gewaschen, trocken getupft + ein paar Blättchen für die Deko
100 g Sahne
400 g Frischkäse
Salz & Pfeffer

Für das Tatar:

1 Schalotte, geschält, halbiert
2 EL Kapern + zum Garnieren
1 kleine Gewürzgurke
200 g Rindertatar
1 TL Senf
1 EL Rapsöl

Crostini mit Ricotta-Champignons und Trüffelöl

4 Portionen

leicht

25 Minuten

1. Die Schalotten in den Mixtopf geben und **3 Sekunden/ Stufe 5** zerkleinern und umfüllen. Die Champignons in den Mixtopf geben, **3 Sekunden/ Stufe 4** zerkleinern, mit dem Spatel nach unten schieben und falls nötig den Vorgang wiederholen.

2. Die Butter in einer Pfanne erhitzen und die zerkleinerten Schalotten darin glasig dünsten. Die Champignons zufügen und ca. 5 Minuten mitdünsten, bis die Flüssigkeit verdampft ist.

3. Ricotta, Petersilie und Sonnenblumenkerne in den Mixtopf geben und **5 Sekunden/ Stufe 7** zerkleinern. Mit dem Spatel alles nach unten schieben. Die Champignons zugeben und **8 Sekunden/ Linkslauf/ Stufe 3** unterrühren. Anschließend die Champignon-Masse mit Salz, Pfeffer und Trüffelöl abschmecken.

4. Den Backofen auf 220°C Ober-/Unterhitze (Umluft: 200°C / Gas: Stufe 5) vorheizen.

5. Das Ciabatta in dünne Scheiben schneiden, mit Olivenöl bepinseln und im vorgeheizten Backofen für ca. 5 Minuten rösten. Anschließend die Champignon-Masse darauf streichen. Schmeckt warm, aber auch kalt, sehr lecker!

Tipp: Wer den Trüffelgeschmack mag, kann das Ciabatta mit Trüffel- anstatt Olivenöl einpinseln.

Zutaten

2 Schalotten, geschält, halbiert
500 g Champignons, geputzt
20 g Butter
200 g Ricotta
1 Bund Petersilie, gewaschen, trocken geschüttelt und Blättchen vom Stängel gezupft
2 EL Sonnenblumenkerne
Salz & Pfeffer
½ TL Trüffelöl
1 Ciabatta oder Baguette
Olivenöl

Paprikaaufstrich mit Frühlingszwiebeln

 4 Portionen  leicht  15 Minuten

Die grob zerkleinerten Paprikahälften in den Mixtopf geben und **3 Sekunden/ Stufe 5** zerkleinern, dann mit dem Spatel nach unten schieben und die dabei eventuell entstandene Flüssigkeit abgießen. Die restlichen Zutaten beigeben und **10 Sekunden/ Stufe 3** vermischen, abschließend mit Salz und Pfeffer abschmecken.

Dazu passt ein herzhaftes Bauernbrot.

Zutaten

½ rote Paprika, gewaschen, Kerngehäuse entfernt, grob zerkleinert
½ gelbe Paprika, gewaschen, Kerngehäuse entfernt, grob zerkleinert
175 g Kräuterfrischkäse
175 g Paprikafrischkäse
125 g Sahnequark (40 %)
125 g Schmand
1 Bund Frühlingszwiebeln, gewaschen, in Ringe geschnitten
Salz & Pfeffer

Gefüllte Feigen

Zutaten

4 große, reife Feigen
weißer Pfeffer
40 g Olivenöl
40 g Honig
60 g Schafskäse, grob zerkleinert
8 Scheiben Bacon
40 g Traubensaft
1 Zweig frischer Koriander, Blättchen abgezupft

1. Den Backofen auf 170 °C Ober-/Unterhitze vorheizen.

2. Die frischen Feigen unterhalb des Stielansatzes aufschneiden, den Deckel abheben, das Fruchtfleisch mit dem Löffel herausnehmen und in den Mixtopf geben. Mit Pfeffer, 30 g Olivenöl und 10 g Honig würzen und **10 Sekunden/ Stufe 2** vermischen. Den Schafskäse zugeben und **10 Sekunden/ Stufe 2** kurz verrühren. Die Feigen mit der Masse füllen und den Deckel wieder aufsetzen.

3. Jede Feige mit 2 Bacon-Scheiben umwickeln, mit 10 g Olivenöl einpinseln und im vorgeheizten Ofen ca. 10 Minuten backen.

4. 30 g Honig und Traubensaft in den sauberen Mixtopf geben und **10 Sekunden/ Stufe 4** vermischen, dann nach 10 Minuten Backzeit über die Feigen gießen. Diese anschließend noch ca. 2 Minuten weiterbacken.

5. Die gefüllten Feigen auf einem Teller mit dem Bratensud anrichten und mit frischem Koriander dekorieren.

Winzer-Dip

 4 Portionen  leicht  10 Minuten

1. Zwiebel, Schinken und Walnüsse in den Mixtopf geben und **5 Sekunden/ Stufe 5** zerkleinern, dann mit dem Spatel nach unten schieben.

2. Schmand und Frischkäse zugeben und **20 Sekunden/ Stufe 4** vermischen. Mit Salz, Pfeffer und Cayennepfeffer abschmecken.

Dazu passen Rettich und Brot.

Zutaten

1 Zwiebel, geschält, halbiert
100 g gekochter Schinken, in Stücke geschnitten
70 g Walnüsse
200 g Schmand
175 g Kräuterfrischkäse
Salz & Pfeffer
Cayennepfeffer

Gerupfter

4 Portionen  leicht 10 Minuten + Kühlzeit

1. Die Schalotte in den Mixtopf geben und **3 Sekunden/ Stufe 5** zerkleinern, anschließend mit dem Spatel nach unten schieben. Die Butter dazugeben und **3 Minuten/ 100°C/ Stufe 1** schmelzen, dann die restlichen Zutaten bis auf die Weintrauben zugeben und **20 Sekunden/ Stufe 4** vermischen. Die Käsemasse mit Salz und Pfeffer abschmecken, umfüllen und mindestens 1 Stunde kaltstellen.

2. Den Gerupften in Schälchen verteilen und mit Roggen- oder Bauernbrot und den Weintrauben servieren.

Zutaten

1 Schalotte, geschält, halbiert
80 g Butter
200 g Brie, grob zerkleinert
200 g Frischkäse
100 g Sahne
1 Bund Schnittlauch, gewaschen, in feine Ringe geschnitten
20 g Riesling, trocken
Salz & Pfeffer
einige Weintrauben

SUP

PEN

Riesling-Kräutersuppe

 6 Portionen  leicht 50 Minuten

1. Das Suppengemüse in den Mixtopf geben und **5 Sekunden/ Stufe 5** zerkleinern, dann umfüllen und den Mixtopf auswaschen.

2. Petersilie, Kerbel und Estragon in den Mixtopf geben und **3 Sekunden/ Stufe 7** zerkleinern, dann umfüllen und den Mixtopf auswaschen.

3. Die Schalottenhälften in den Mixtopf geben und **3 Sekunden/ Stufe 5** zerkleinern, dann mit dem Spatel nach unten schieben. Die Butter zugeben und **4 Minuten/ 120°C/ Stufe 1** andünsten. Das zerkleinerte Suppengemüse zugeben und weitere **7 Minuten/ 100°C/ Stufe 1** andünsten, dann mit Riesling aufgießen und **12 Minuten/ 80°C/ Stufe 1** ohne Messbecher garen. Anschließend die Gemüsebrühe zufügen und weitere **10–15 Minuten/ 80°C/ Stufe 1** köcheln lassen.

4. Crème fraîche, Schnittlauchröllchen und die beiseitegestellte zerkleinerte Kräutermischung in die Suppe geben und **20 Sekunden/ Stufe 3** unterrühren, mit Salz und Pfeffer abschmecken und alles zusammen 30 Minuten ziehen lassen. Die Suppe bei Bedarf durch ein Sieb gießen oder das Gemüse abschöpfen.

Dazu passt ein Nuss- oder Bauernbrot!

Zutaten

1 Bund Suppengemüse, gewaschen, grob zerkleinert
1 Bund Petersilie, gewaschen, Blättchen abgezupft
2 Zweige Kerbel, gewaschen, Blättchen abzupft
2 Zweige Estragon, gewaschen, Blättchen abgezupft
2 Schalotten, geschält, halbiert
30 g Butter
300 g Riesling, halbtrocken
750 g Gemüsebrühe, fertig angerührt
150 g Crème fraîche
1 Bund Schnittlauch, gewaschen, in feine Röllchen geschnitten
Salz & Pfeffer

Moselländische Kartoffelsuppe

 4–6 Portionen  leicht  35 Minuten

1. Kartoffeln, Möhren, Sellerie und Lauch in 2 Portionen aufteilen, je **5 Sekunden/ Stufe 5** zerkleinern und umfüllen.

2. Die Butter in den Mixtopf geben und **2 Minuten/ 100°C/ Stufe 1** schmelzen. Das Kartoffel-Gemüse-Gemisch zugeben und weitere **6 Minuten/ 100°C/ Stufe 2** dünsten. Die Gemüsebrühe und den Riesling angießen, dann die Hälfte vom Majoran zugeben und **9,5 Minuten/ 100°C/ Stufe 1** aufkochen, anschließend weitere **12 Minuten/ 80°C/ Stufe 1** köcheln lassen, dann ca. **30 Sekunden/ Stufe 8–10** langsam ansteigend pürieren.

3. Schmand, Sahne, Salz, Pfeffer, Muskat und Zucker zugeben und **10 Sekunden/ Stufe 3,5** durchmixen, abschließend abschmecken.

4. Das Öl in einer Pfanne erhitzen, das Rauchfleisch zugeben und kurz anbraten.

5. Die Kartoffelsuppe in Schüsseln füllen und jeweils mit knusprigen Brotwürfeln, gebratenem Rauchfleisch und dem restlichen Majoran bestreuen.

Zutaten

750 g Kartoffeln, mehligkochend, geschält, in groben Stücken
2 Möhren, geschält, geputzt, in groben Stücken
100 g Sellerie, geputzt, in groben Stücken
1 Stange Lauch, gewaschen, in groben Stücken
20 g Butter
500 g Gemüsebrühe, fertig angerührt
250 g Riesling, trocken
1 Bund frischer Majoran, gewaschen, Blättchen abgezupft
100 g Schmand
250 g Sahne
Salz & Pfeffer
1 Prise Muskat
1 Prise Zucker
1 EL Öl
100 g Rauchfleisch, in feine Streifen geschnitten

Zum Garnieren:
knusprige Brotwürfel

Maronensüppchen

 10 Portionen  leicht  35 Minuten

1. Die Schalotten in den Mixtopf geben und **3 Sekunden/ Stufe 5** zerkleinern, dann mit dem Spatel nach unten schieben. 30 g Butter zugeben und **4 Minuten/ 120°C/ Stufe 1** schmelzen lassen. Die Maronen (bis auf 20 Stück) in den Mixtopf geben und **4 Minuten/ 120°C/ Stufe 1** andünsten.

2. Für die Deko je 2 Maronen auf einen Spieß aufstechen.

3. Sekt und Brühe zu den Maronen in den Mixtopf geben und **20 Minuten/ 100°C/ Stufe 1** ohne Messbecher einkochen lassen. Den Messbecher wieder aufsetzen und alles **30 Sekunden/ Stufe 8–10** pürieren. Die Sahne zugeben und **4 Minuten/ 100°C/ Stufe 2** erhitzen. Anschließend 40 g kalte Butter und Noilly Prat zugeben, **10 Sekunden/ Stufe 8** untermischen und abschließend alles mit Salz und Pfeffer abschmecken.

4. 10 g kalte Butter in eine Pfanne geben. Die Maronenspießchen darin kurz anbraten und mit 1 EL Zucker karamellisieren.

5. Vor dem Servieren die Maronensuppe **10 Sekunden/ Stufe 8** schaumig aufmixen, in Gläschen füllen und mit dem Maronenspieß servieren.

Zutaten

2 Schalotten, geschält, halbiert
80 g kalte Butter
400 g Maronen, geschält
100 g Winzersekt
600 g Hühnerbrühe (oder Gemüsebrühe), fertig angerührt
500 g Sahne
40 g Noilly Prat
2 TL Salz
½ TL weißer Pfeffer
1 EL Zucker
10 Holzspieße

Zwiebel-Rahmsuppe mit Porree

 4–6 Portionen  leicht  40 Minuten

1. Den Käse in Stücken in den Mixtopf geben und **10 Sekunden/ Stufe 8** zerkleinern und umfüllen.

2. Zwiebeln und Knoblauch in den Mixtopf geben und **5 Sekunden/ Stufe 5** zerkleinern, dann mit dem Spatel nach unten schieben. Den Vorgang eventuell wiederholen.

3. Die Butter zufügen und **5 Minuten/ 120°C/ Stufe 1** anschwitzen. Mit Mehl bestäuben und weitere **2 Minuten/ 120°C/ Stufe 1** anschwitzen. Den Wein zugeben und **4 Minuten/ 100°C/ Stufe 1** erhitzen. Jetzt die Sahne und 400 g Brühe zugeben und weitere **10 Minuten/ 100°C/ Stufe 1** köcheln lassen.

4. Das Öl in einer Pfanne erhitzen und die Lauchringe darin andünsten. Mit 100 g Brühe ablöschen und ca. 5 Minuten garen.

5. Den zerkleinerten Käse in die Suppe geben und **3 Minuten/ 80°C/ Stufe 1** darin auflösen.

6. Die Suppe in Schüsseln anrichten, die Lauchringe dazugeben und mit Röstzwiebeln bestreuen.

Zutaten

150 g Cheddar
5 Zwiebeln (ca. 500 g), geschält, halbiert
1 Knoblauchzehe, geschält
20 g Butter
1 EL Mehl
100 g Weißwein, trocken
300 g Sahne
500 g Gemüsebrühe, fertig angerührt
Salz & Pfeffer
2 EL Rapsöl
1 Stange Lauch, gewaschen, in feine Ringe geschnitten
6 EL Röstzwiebeln

Brunnenkressesuppe

Zutaten

1 Schalotte, geschält, halbiert
1 Knoblauchzehe, geschält
30 g Lauch, geputzt, gewaschen, den weißen Teil in feine Ringe geschnitten
80 g Butter
100 g Weißwein, trocken
200 g Hühnerfond
60 g Noilly Prat
100 g Sahne
50 g Crème double
30 g Crème fraîche
1 Prise Cayennepfeffer
160 g Brunnenkresse, gewaschen, geputzt
1 Prise Muskatnuss
Zitronensaft
Salz

4 Portionen

leicht

25 Minuten

1. Schalotte und Knoblauch in den Mixtopf geben und **3 Sekunden/ Stufe 5** zerkleinern, anschließend mit dem Spatel nach unten schieben. Den Lauch und 30 g Butter zugeben und **4 Minuten/ 120°C/ Stufe 1** dünsten, dann mit dem Weißwein ablöschen.

2. Hühnerfond, Noilly Prat, Sahne, Crème double und Crème fraîche in den Mixtopf geben **8 Minuten/ 100°C/ Stufe 2** mischen. Anschließend die Brunnenkresse zugeben und **45 Sekunden/ Stufe 10** fein pürieren. Zum Abschluss mit Muskat, Zitronensaft und Salz abschmecken.

Gewürztraminer-Suppe

4 Portionen | leicht | 30 Minuten

Zutaten

3 Schalotten, geschält, halbiert
30 g rohe Speckwürfel
40 g Butter
50 g Mehl
400 g Gewürztraminer
600 g Gemüsebrühe, fertig angerührt
50 g Sahne
100 g Crème fraîche
Salz & Pfeffer
Petersilie, glatt, gewaschen, Blättchen vom Stängel gezupft

1. Die Schalotten in den Mixtopf geben und **3 Sekunden/ Stufe 5** zerkleinern, anschließend mit dem Spatel nach unten schieben. Speckwürfel und Butter zufügen und **4 Minuten/ 120°C/ Stufe 1** andünsten. 2 EL der Zwiebel-Speck-Mischung für die Deko entnehmen und zur Seite stellen.

2. Die im Mixtopf verbliebene Zwiebel-Speck-Mischung mit dem Spatel nach unten schieben, das Mehl dazugeben und **10 Sekunden/ Stufe 3** unterrühren. Dann 200 g Gewürztraminer und Brühe zufügen und **7,5 Minuten/ 100°C/ Stufe 2** köcheln lassen. Anschließend weitere 200 g Gewürztraminer, Sahne und Crème fraîche zufügen, mit Salz und Pfeffer abschmecken und **3 Minuten/ 80°C/ Stufe 2** erwärmen.

3. Die Gewürztraminer-Suppe in Schüsseln füllen und mit der Petersilie und der beiseitegestellten Zwiebel-Speck-Mischung garnieren.

Käsesuppe mit Nuss-Crunch

 4–6 Portionen  leicht  35 Minuten

1. Die Nüsse in den Mixtopf geben und **3 Sekunden/ Stufe 5,5** zerkleinern, dann umfüllen und den Mixtopf auswaschen.

2. Die Zwiebelhälften in den Mixtopf geben und **5 Sekunden/ Stufe 5** zerkleinern, dann mit dem Spatel nach unten schieben. Die Butter zufügen und **4 Minuten/ 120°C/ Stufe 1** andünsten. Anschließend den Schmetterling einsetzen, das Mehl zufügen und **1 Minute/ 120°C/ Stufe 3** verrühren. Die Einbrenne mit Apfelsaft und Brühe ablöschen und **8 Minuten/ 100°C/ Stufe 2** aufkochen, anschließend **20 Sekunden/ Stufe 4** mischen und den Schmetterling entfernen.

3. Nun das Gerät auf **5 Minuten/ 100°C/ Stufe 2,5** einstellen und nach und nach den Käse zufügen und schmelzen lassen, dann **30 Sekunden/ Stufe 8–10** pürieren und mit Salz, Pfeffer und Muskat abschmecken.

4. Für den Nuss-Crunch die zerkleinerten Nüsse in einer Pfanne ohne Fett rösten. Die Petersilie grob hacken und mit den Nüssen mischen. Die Suppe damit bestreuen. Dazu passt geröstetes Bauernbrot.

Zutaten

40 g Walnuss- und Haselnusskerne
1 Zwiebel, geschält, halbiert
20 g Butter
40 g Mehl
200 g Apfelsaft
675 g Gemüse- oder Hühnerbrühe
250 g reifer Camembert (60 %), entrindet, grob gewürfelt
180 g Cheddar, grob zerkleinert
Salz & Pfeffer
1 Prise Muskat
4 Stiele glatte Petersilie, gewaschen, Blättchen abgezupft

Weinbergpfirsich-Mus

3 Einmach-Gläser à 300 ml, sterilisiert (s. S. 131)  leicht  25 Minuten

1. Pfirsiche in einen großen Topf mit Wasser bedeckt füllen und aufkochen lassen. Kurz ziehen lassen, dann abschütten und mit kaltem Wasser abschrecken. Schale abziehen, halbieren, Kerne entfernen.

2. Pfirsichhälften mit Wasser, Zucker und Zitronensaft in den Mixtopf geben und **7 Minuten/ 100°C/ Stufe 2** aufkochen und dann weitere **10 Minuten/ 80°C/ Stufe 2** köcheln lassen.

3. Das fertige Pfirsich-Mus direkt in die sterilisierten Einmach- oder Schraubgläser füllen und fest verschließen.

Zutaten

1000 g rote Weinbergpfirsiche
150 g Wasser
100 g Rohrohrzucker
Saft einer ½ Zitrone

Riesling-Senf-Creme-Suppe mit Weinbergpfirsich-Gorgonzola-Croûtons

1. Die Zwiebel in den Mixtopf geben und **3 Sekunden/ Stufe 5** zerkleinern, dann mit dem Spatel nach unten schieben. Das Rapsöl zufügen und **4 Minuten/ 120°C/ Stufe 2** andünsten. Dann mit Riesling ablöschen, das Lorbeerblatt zugeben und alles zusammen **8 Minuten/ 100°C/ Stufe 1** ohne Messbecher köcheln lassen. Anschließend die Brühe durch ein Sieb gießen und auffangen.

2. Den Backofen auf 200°C Ober-/Unterhitze vorheizen.

3. Für die Croûtons das Weinbergpfirsich-Mus und 40 g Gorgonzola in den Mixtopf geben und **10 Sekunden/ Stufe 4** vermischen, mit Salz und Pfeffer abschmecken.

4. Weißbrot toasten und das Brot mit der Creme aus dem Mixtopf bestreichen. Restlichen Gorgonzola in Stückchen darüber verteilen. Anschließend im vorgeheizten Backofen gratinieren.

5. Währenddessen die aufgefangene Brühe wieder in den Mixtopf geben. Sahne und Gemüsebrühe zugeben, mit Salz und Pfeffer abschmecken und **5 Minuten/ 100°C/ Stufe 2** erhitzen. Anschließend den Schmetterling einsetzen, Speisestärke zugeben und **20 Sekunden/ Stufe 3,5** verrühren.

6. Zum Schluss Schmand und Senf zugeben und **10 Sekunden/ Stufe 3,5** verrühren. Die Suppe auf Tellern anrichten, mit Schnittlauchröllchen garnieren und je einen Croûton dazureichen.

Zutaten

Für die Suppe:

1 Zwiebel, geschält, geviertelt
20 g Rapsöl
250 g Riesling, lieblich
1 Lorbeerblatt
250 g Sahne
100 g Gemüsebrühe, fertig angerührt
Salz & Pfeffer
20 g Speisestärke
150 g Schmand
3 EL Rieslingsenf
Schnittlauch, in Röllchen, zum Garnieren

Für die Croûtons:

100 g Weinbergpfirsich-Mus, selbstgemacht (s. S. 48)
50 g Gorgonzola
4 Scheiben Weißbrot

Rinderkraftbrühe mit Markklößchen

 4 Portionen  leicht 2 Stunden 15 Minuten

1. Das Suppengrün und die Zwiebel würfeln. Fleisch und Knochen waschen und mit Küchenpapier trocken tupfen. Das Öl in einem Topf erhitzen. Fleisch, Knochen und Gemüse darin anbraten. Die Gewürze zufügen, alles mit dem Wasser ablöschen und ca. 2 Stunden im offenen Topf köcheln lassen. Die Markknochen nach 10–15 Minuten herausnehmen, das Mark herauslösen und zur Seite stellen, dann die Knochen wieder in die Suppe geben.

2. Die Hälfte der Petersilienblätter in den Mixtopf geben und **3 Sekunden/ Stufe 7** zerkleinern, dann mit dem Spatel nach unten schieben. Das herausgelöste Knochenmark, Ei und Paniermehl zufügen und alles zusammen **20 Sekunden/ Stufe 3** vermengen. Mit Salz, Pfeffer und Muskat würzen, dann aus der Masse kleine Klößchen formen und kaltstellen.

3. Die Markknochen und das Fleisch aus der Suppe nehmen. Die Knochen werden nicht weiter verwertet. Das Fleisch in kleine Stücke schneiden.

4. Die restliche Petersilie klein hacken. Die Erbsen und die Markklößchen in die Suppe geben, mit Salz und Pfeffer würzen und ca. 5 Minuten darin gar ziehen lassen. Kurz vor dem Servieren mit der Petersilie bestreuen. Das Fleisch zu der Suppe reichen.

Zutaten

1 Pck. Suppengrün, gewaschen
1 Zwiebel, geschält, halbiert
500 g Suppenfleisch (z.B. Ochsenbein, Querrippe oder Hochrippe)
500 g Markknochen
2 EL Rapsöl
Salz & Pfeffer
5 weiße Pfefferkörner
1 Lorbeerblatt
1,5 l Wasser
5 Stängel Petersilie, gewaschen, Blättchen abgezupft
1 Ei (Größe M)
80 g Paniermehl
1 Prise Muskat
150 g TK-Erbsen

Kartoffelsuppe mit Blutwurst und Apfel

 4–6 Portionen  leicht  35 Minuten

1. Zwiebel, Möhre und Sellerie in den Mixtopf geben und **5 Sekunden/ Stufe 5** zerkleinern, anschließend mit dem Spatel nach unten schieben. Das Olivenöl und die Butter dazugeben und **5 Minuten/ 120°C/ Stufe 1** dünsten.

2. Kartoffelwürfel, 500 g Gemüsebrühe, Weißwein, Majoran, die ganze Knoblauchzehe, Ingwer, Salz und Pfeffer dazugeben und alles zusammen **20 Minuten/ 80°C/ Stufe 2** kochen. Die Knoblauchzehe entfernen, dann **30 Sekunden/ Stufe 8–10** langsam ansteigend pürieren.

3. Die Kartoffelsuppe mit ca. 30 g Gemüsebrühe und Sahne auffüllen und mit Salz, Pfeffer, Chili und Muskatnuss abschmecken.

4. Die Blutwurstscheiben mit etwas Mehl bestäuben und in Butterschmalz ausbacken. Die Kartoffelsuppe in Schüsseln verteilen und mit jeweils 3 Scheiben Blutwurst sowie den Apfelspalten dekorieren.

Zutaten

1 Zwiebel, geschält, halbiert
1 Möhre, geschält, grob zerkleinert
30 g Sellerie, geputzt
20 g Olivenöl
20 g Butter
600 g Kartoffeln, mehligkochend, geschält, gewürfelt
500 g Gemüsebrühe, fertig angerührt + ca. 30 g zum Auffüllen
100 g Weißwein, trocken
½ TL Majoran, gerebelt
1 Knoblauchzehe, geschält
20 g Ingwer, geschält, in grobe Stücke geschnitten
Salz & Pfeffer
100 g Sahne
Chiligewürz
1 Prise Muskatnuss
8–12 Scheiben Blutwurst
etwas Mehl
Butterschmalz
1 Apfel, gewaschen, halbiert, Kerngehäuse entfernt, in Spalten geschnitten

HAUPT

SPEISEN

Überbackenes Gourmetbrot

 4 Portionen  leicht 20 Minuten + Backzeit

1. Die Schinkenwürfel und das Öl in den Mixtopf geben und **4 Minuten/ 120°C/ Stufe 1** dünsten. Dann die Lauchringe zufügen und weitere **5 Minuten/ 120°C/ Stufe 1** garen. Anschließend die Crème fraîche zugeben, mit Salz und Pfeffer würzen und **30 Sekunden/ Stufe 3** vermischen.

2. Den Backofen auf 200°C Ober-/Unterhitze vorheizen.

3. Die Bauernbrotscheiben auf ein mit Backpapier ausgelegtes Backblech legen, die Lauch-Speck-Masse darauf verteilen, den Edamer darüber streuen und im Backofen ca. 10–12 Minuten überbacken.

Dazu schmeckt Kartoffelsalat!

Zutaten

100 g rohe Schinkenwürfel
10 g Rapsöl
2 Stangen Lauch, gewaschen, in feine Ringe geschnitten
50 g Crème fraîche oder Schmand
Salz & Pfeffer
4 Scheiben Bauernbrot
200 g Edamer, gerieben

Kartoffelsalat

 6–8 Portionen  leicht 30 Minuten + Gar- und Ziehzeit

1. 750 g Wasser in den Mixtopf geben, die Kartoffeln in den Varoma legen, aufsetzen und ca. **35 Minuten/ Varoma/ Stufe 1** garen (das richtet sich nach der Größe der Kartoffeln).

2. Die Kartoffeln anschließend mit kaltem Wasser abschrecken, etwas abkühlen lassen, möglichst noch warm pellen und in Scheiben schneiden.

3. Die Zwiebeln in den Mixtopf geben und **5 Sekunden/ Stufe 5** zerkleinern. Die Stücke mit dem Spatel nach unten schieben. 100 g Wasser, Gemüsebrühpulver, Essig, Gewürzgurkensud, Senf, Salz, Pfeffer und Zucker dazugeben und **5 Minuten/ 100°C/ Stufe 1** aufkochen. Dann die heiße Marinade über die Pellkartoffel-Scheiben gießen, vermischen und etwa 1 Stunde gut durchziehen lassen.

4. Für die Mayonnaise Ei, Salz, Pfeffer, Senf und Zitronensaft in den Mixtopf geben und **15 Sekunden/ Stufe 4** verrühren. Das Gerät auf **Stufe 3,5** einstellen und das Öl auf den Mixtopfdeckel gießen, so dass es über ca. 2 Minuten langsam in den Mixtopf – vorbei am Messbecher – tröpfeln kann.

5. Anschließend die Eier und Gurken zusammen mit der Mayonnaise zu den Kartoffeln geben und alles miteinander vermischen. Nochmal mit Salz und Pfeffer abschmecken und mit gehackter Petersilie bestreut servieren.

Zutaten

850 g Wasser
1000 g Kartoffeln, festkochend
2 Zwiebeln, geschält, halbiert
1 EL Gemüsebrühpulver
20 g Kräuteressig
2 EL Essig-Sud von den Gewürzgurken
1 TL Dijon-Senf
2 TL Salz
1 TL Pfeffer
1 TL Zucker

Mayonnaise:
1 Ei (Größe M)
1 TL Salz
1 Prise schwarzer Pfeffer
1 TL Dijon-Senf
1 Spritzer Zitronensaft
200 g Raps- oder Sonnenblumenöl

außerdem:
2 Eier, hart gekocht, geviertelt
200 g Gewürzgurken, in kleine Stücke geschnitten
gehackte Petersilie

Schafskäse in Senfkruste auf knackigem Gartensalat

 2 Portionen  leicht  25 Minuten + Backzeit

1. Den Backofen auf 200°C Ober-/Unterhitze vorheizen.

2. Senf, Paniermehl und Olivenöl in den Mixtopf geben und **10 Sekunden/ Stufe 3** vermischen. Den Schafskäse in eine Auflaufform legen, mit der Marinade bestreichen und mit den Thymianblättchen bestreuen. Im Backofen ca. 10–15 Minuten backen.

3. Für die Vinaigrette den TK-Kräutermix, Weinessig, Orangensaft, Rapsöl, Salz, Pfeffer und Senf in den Mixtopf geben und **20 Sekunden/ Stufe 4** verquirlen.

4. Die Gurken- und Radieschen-Scheiben zum Salat in eine Schüssel geben, alles mit der Vinaigrette vermischen, auf einem Teller mit dem gebackenen Schafskäse anrichten und dem Kerne-Mix bestreuen.

Dazu passt Baguette!

Zutaten

Für den Schafskäse:

20 g Senf mit Honig
20 g Paniermehl
2 EL Olivenöl
2 Pck. Schafskäse à 200 g
2 Stängel Thymian, gewaschen, Blättchen abgezupft

Für den Salat:

1 Pck. TK-8-Kräutermix
4 EL Weinessig
20 g Orangensaft
30 g Rapsöl
Salz & Pfeffer
20 g Senf mit Honig
½ Salatgurke, gewaschen, in Scheiben geschnitten
100 g Radieschen, gewaschen, in Scheiben geschnitten
200 g gemischter Blatt- oder Pflücksalat, gewaschen, trocken geschleudert
50 g Salat-Kerne-Mix

Spargeltarte mit Ziegenkäse

 1 Tarte  leicht 30 Minuten + Backzeit

1. Mehl, ½ TL Salz, 100 g Butter, 1 Ei und Weißwein in den Mixtopf geben und **1 Minute/ Teigknetstufe** zu einem glatten Teig verkneten, in Frischhaltefolie wickeln und für ca. 1 Stunde kaltstellen.

2. Wasser, Zucker und Zitronensaft in den sauberen Mixtopf geben. Das Garkörbchen in den Mixtopf einsetzen, die Spargelstücke einlegen und **15 Minuten/ 100°C/ Stufe 1** bissfest garen. Anschließend abgießen, mit kaltem Wasser abschrecken und gut abtropfen lassen.

3. Ziegenkäse, 3 Eier und Sahne in den geleerten Mixtopf geben und **20 Sekunden/ Stufe 3** glattrühren. Mit Salz, Pfeffer und der Hälfte des Thymians würzen.

4. Den Backofen auf 200°C Ober-/Unterhitze vorheizen.

5. Die Tarteform mit der restlichen Butter fetten. Den Teig auf bemehlter Arbeitsfläche 4 mm dick ausrollen und die Tarteform damit auslegen. Den Teig andrücken, einen Rand hochziehen und die überstehenden Ränder abschneiden. Das Backpapier über die Form legen und mit den Backerbsen beschweren.

6. Die Tarte im Backofen auf der untersten Schiene 10 Minuten blindbacken, dann die Erbsen und das Backpapier entfernen. Anschließend weitere 5 Minuten backen, aus dem Ofen nehmen, die Spargelstücke auf dem Teigboden verteilen und die Ziegenkäse-Mischung darüber gießen. Dann weitere 20 Minuten backen. Zum Abschluss die Pinienkerne, den restlichen Thymian und Honig darüber verteilen und weitere 5–10 Minuten goldbraun backen.

Zutaten

200 g Weizenmehl, Type 405
Salz & Pfeffer
110 g Butter
4 Eier (Größe M)
2 EL Weißwein
500 g Wasser
1 TL Zucker
1 EL Zitronensaft
500 g weißer Spargel, geschält, die Enden abgeschnitten, Stangen gedrittelt
6 Stiele Thymian, gewaschen, Blättchen abgezupft
150 g Ziegenfrischkäse
100 g Sahne
40 g Pinienkerne
2 EL flüssiger Honig

außerdem:
Tarte- oder Backform, ø 26 cm
Backerbsen zum Blindbacken

Schweinefilet in feiner Kräutergesellschaft

 4 Portionen  leicht 15 Minuten + Backzeit

1. Die Zwiebelhälften in Spalten schneiden. Das Öl in einer Pfanne erhitzen und das Fleisch darin von jeder Seite 2 Minuten anbraten, dann mit Salz und Pfeffer würzen und aus der Pfanne nehmen. Die Zwiebelspalten im Bratenfett anbraten.

2. Die Kräuter in den Mixtopf geben und **3 Sekunden/ Stufe 7** zerkleinern, dann mit dem Spatel nach unten schieben. Frischkäse, Milch und Eier zugeben, **30 Sekunden/ Stufe 4** glattrühren und die Frischkäsecreme mit Salz und Pfeffer abschmecken.

3. Den Backofen auf 200°C Ober-/Unterhitze vorheizen.

4. Medaillons und Zwiebel in eine Auflaufform schichten und mit der Frischkäsecreme begießen. Im Backofen ca. 30 Minuten fertig backen.

Dazu passt Baguette.

Zutaten

200 g Zwiebeln, geschält, halbiert
3 EL Traubenkernöl
1 Schweinefilet, gewaschen, in ca. 2–3 cm breite Medaillons geschnitten
Salz & Pfeffer
frische Kräuter (Dill, Schnittlauch, Petersilie usw.), gewaschen, Blättchen abgezupft, grob zerkleinert
250 g Ziegenfrischkäse
150 g Milch (3,5 %)
2 Eier (Größe M)

außerdem:
1 Auflaufform

Schnitzel mit Pflaumen und Mandeln

 4 Portionen  leicht  25 Minuten + Marinierzeit

1. Alle Zutaten für die Marinade (bis auf das Lorbeerblatt) in den Mixtopf geben und **20 Sekunden/ Stufe 4** vermischen. Das Lorbeerblatt mit den Fingern zerbröseln und dazugeben.

2. Das Fleisch mit der Marinade einreiben und für ca. 30 Minuten ziehen lassen.

3. Die Schalotten in den Mixtopf geben und **3 Sekunden/ Stufe 5** zerkleinern.

4. Eine Pfanne erhitzen und das marinierte Fleisch darin anbraten. Die zerkleinerten Schalotten, Pflaumenwürfel, Senf und gehobelte Mandeln dazugeben und alles zusammen kurz kräftig mit den Schnitzeln anbraten. Mit der restlichen Marinade, Fleischbrühe und Sahne ablöschen und sämig einkochen lassen.

Dazu passt frischer Salat oder knackiges Gemüse und Bandnudeln.

Zutaten

Für die Marinade:
½ TL gemahlener Koriander
Salz
½ TL gemahlener Pfeffer
1 TL getrockneter Majoran
1 Prise gemahlener Kümmel
1 EL asiatische Fischsauce
50 g Olivenöl
1 TL Honig
1 Lorbeerblatt

4 dünne Schweine- oder Kalbsschnitzel (jeweils ca. 150 g)

Für die Sauce:
2 Schalotten, geschält, halbiert
2 getrocknete Pflaumen, klein gewürfelt
2 TL Senf
1 EL gehobelte Mandeln
60 g Fleischbrühe, fertig angerührt
60 g Sahne

Flammkuchen in 3 Variationen

 2 oder 4 Portionen  leicht  ca. 30 Minuten

Alle Zutaten für den Teig in den Mixtopf geben und **5 Minuten/ Teigknetstufe** glatt verarbeiten. Anschließend den Teig in Frischhaltefolie wickeln und 5 Minuten ruhen lassen.

Zutaten

Für den Teig:
400 g Weizenmehl, Type 550
+ Mehl zum Ausrollen
1 TL Salz
30 g Olivenöl
100 g Wasser
125 g Buttermilch

Porree-Schmand-Flammkuchen

1. Teigzubereitung s. oben.

2. Den vorbereiteten Teig vierteln und bis zum Ausrollen abgedeckt ruhen lassen, damit er nicht austrocknet. Den Backofen auf 220°C Ober-/Unterhitze vorheizen.

3. Vom Porree nur den weißen und hellgrünen Teil in feine Streifen schneiden. Die Rosmarinnadeln in den Mixtopf geben und **5 Sekunden/ Stufe 8** zerkleinern. Dann Butter, Olivenöl und Porree zufügen und **10 Minuten/ 80°C/ Stufe 2** erhitzen.

4. Den Flammkuchenteig auf je einem bemehlten Stück Backpapier 3 mm dünn oval ausrollen und gleichmäßig mit Schmand bestreichen. Dann mit Salz und Pfeffer würzen, die Porree-Mischung darauf verteilen und mit Mozzarella bestreuen.

5. Auf der mittleren Schiene im Backofen für ca. 12–15 Minuten knusprig backen. Kurz vor dem Servieren mit Petersilie dekorieren.

Tipp: Der Flammkuchen kann auch statt mit Petersilie alternativ mit Rosmarin bestreut werden, sehr lecker!

Zutaten

Für den Belag:
1 Stange Porree, gewaschen, der Länge nach halbiert
3 Stängel Rosmarin, gewaschen, Nadeln abgezupft
30 g Butter
30 g Olivenöl
75 g Schmand
Salz & Pfeffer
100 g Mozzarella, gerieben
3 Stängel Petersilie, gewaschen, vom Stängel gezupft, grob zerkleinert

Flammkuchen mit Ziegenkäse

1. Teigzubereitung s. vorherige Seite.

2. Den vorbereiteten Teig halbieren und je auf einem bemehlten Stück Backpapier 3 mm dünn oval ausrollen. Den Backofen auf 220°C Ober-/Unterhitze vorheizen.

3. Rosmarin und Thymian in den Mixtopf geben und **10 Sekunden/ Stufe 8** zerkleinern. Schmand, Salz und Pfeffer zufügen und **10 Sekunden/ Stufe 3,5** vermischen.

4. Die gewürzte Schmand-Masse auf den Flammkuchenboden streichen, anschließend den Ziegenkäse und die Zwiebelringe darauf verteilen.

5. Den Flammkuchen im heißen Backofen ca. 12–15 Minuten backen, bis der Rand schön braun ist und der Käse anfängt zu verlaufen. Nach dem Backen den flüssigen Honig über dem Käse verteilen.

Zutaten

Für den Belag:

2 Stängel Rosmarin, gewaschen, trocken geschüttelt, Nadeln vom Stängel gezupft
2 Stängel Thymian, gewaschen, trocken geschüttelt, Blättchen vom Stängel gezupft
200 g Schmand
Salz & Pfeffer
60 g Ziegenkäse-Rolle, in Scheiben geschnitten
100 g rote Zwiebeln, geschält, halbiert, in dünne Ringe geschnitten
1 TL Honig

Flammkuchen mit karamellisierter Birne und Rucola

1. Teigzubereitung s. vorherige Seite.

2. Den vorbereiteten Teig vierteln und bis zum Ausrollen abgedeckt ruhen lassen, damit er nicht austrocknet.

3. Den Backofen auf 220°C Ober-/Unterhitze vorheizen.

4. Die Birne in ca. ½ cm breite Streifen schneiden. 20 g Zucker in einer Pfanne stark erhitzen, bis er karamellisiert, dann die Birnenstreifen hinzufügen, kurz durchschwenken und zur Seite stellen.

5. Den Knoblauch in den Mixtopf geben, **3 Sekunden/ Stufe 6** zerkleinern und mit dem Spatel nach unten schieben. Dann die Zwiebelringe und das Olivenöl zugeben und **3 Minuten/ 120°C/ Stufe 2** anschwitzen. Mit Salz, Pfeffer und einer Prise Zucker würzen.

6. Den Teig auf je einem bemehlten Stück Backpapier 3 mm dünn oval ausrollen. Den ausgerollten Flammkuchenteig mit Kräuterfrischkäse bestreichen, anschließend mit der Zwiebelmasse und Mozzarella bestreuen und ca. 15–20 Minuten backen.

7. Den Flammkuchen aus dem Ofen nehmen, in Stücke schneiden, mit Rucola und den karamellisierten Birnen auf Tellern servieren.

Zutaten

Für den Belag:

1 Birne, geschält, halbiert, Kerngehäuse entfernt
20 g + 1 Prise Zucker
1 Knoblauchzehe, geschält
2 rote Zwiebeln, geschält, halbiert, in feine Ringe geschnitten
15 g Olivenöl
Salz & Pfeffer
75 g Kräuterfrischkäse
100 g Mozzarella, gerieben
50 g Rucola gewaschen, trocken geschüttelt, grob zerzupft

Gefüllte Kartoffelklöße mit Pfifferlingssauce

 4 Portionen  leicht  70 Minuten + Ruhezeit

1. 500 g Wasser mit etwas Salz in den Mixtopf geben, 500 g Kartoffeln ins Garkörbchen einwiegen und **25 Minuten/ 120°C/ Stufe 1** garen. Anschließend den Mixtopf leeren und die Kartoffeln über Nacht stehen lassen.

2. Am nächsten Tag die restlichen 500 g Kartoffeln in den Mixtopf geben und **5 Sekunden/ Stufe 5** zerkleinern, die Masse in ein Leinentuch füllen und kräftig auspressen, bis keine Flüssigkeit mehr austritt.

3. Die gegarten Kartoffeln vom Vortag durch eine Spätzlepresse drücken und die Masse in den Mixtopf geben. Anschließend die ausgedrückte, rohe Kartoffelmasse, Ei, Salz, Petersilie, Muskatnuss und Kartoffelstärke zufügen und **10 Sekunden/ Stufe 3,5** verrühren. Die Masse in eine Schüssel umfüllen und ca. eine ½ Stunde ruhen lassen.

4. Während dieser Ruhezeit die Zwiebeln in den Mixtopf geben und **5 Sekunden/ Stufe 5** zerkleinern. 1 EL Butter in einer Pfanne erhitzen, das Hackfleisch, die Hälfte der zerkleinerten Zwiebel und die Lauchstreifen darin anbraten und danach abkühlen lassen. Den Kartoffelteig zu Klößen formen und mit je einem Löffel der Hackmasse füllen.

5. 800 g Wasser in den Mixtopf füllen, den Varoma aufsetzen, die Klöße einfüllen und **25 Minuten/ Varoma/ Stufe 1** garen.

6. Für die Pfifferlingssauce 1 EL Butter mit den restlichen Zwiebeln und den Pfifferlingen in einer Pfanne andünsten, mit der Gemüsebrühe ablöschen und ca. 10 Minuten einköcheln lassen. Zum Schluss die Sahne zufügen und mit Salz und Pfeffer abschmecken. Die Pfifferlingssauce zu den gefüllten Klößen servieren.

Zutaten

Für die Klöße:

1300 g Wasser
Salz & Pfeffer
1000 g Kartoffeln, mehligkochend, geschält, gewaschen, geviertelt
1 Ei (Größe M)
5 Stiele Petersilie, gewaschen, trocken geschüttelt, gehackt
1 Prise Muskatnuss
50 g Kartoffelstärke
2 Zwiebeln, geschält, halbiert
2 EL Butter
300 g gemischtes Hackfleisch
½ Stange Lauch, gewaschen, in feine Streifen geschnitten

Für die Pfifferlingssauce:

500 g frische Pfifferlinge, gewaschen
50 g Gemüsebrühe, fertig angerührt
200 g Sahne
Salz & Pfeffer

Rindfleisch mit Remouladensauce

 6 Portionen  leicht 25 Minuten + Kochzeit

1. Das Fleisch in einen großen Topf legen, mit Wasser und Wein bedecken, erhitzen und den sich bildenden Schaum immer wieder abschöpfen. Zwiebel, Sellerie und Möhrenstücke in den Mixtopf geben und **5 Sekunden/ Stufe 5** zerkleinern, anschließend zum Fleisch in den Topf geben, Lauchringe, Knoblauchzehen und Gewürze zufügen und bei kleiner Hitze ca. 2,5–3 Stunden simmern lassen.

2. Für die Remouladensauce Zwiebel, Knoblauchzehen und Kräuter in den Mixtopf geben und **3 Sekunden/ Stufe 7** zerkleinern, dann mit dem Spatel nach unten schieben. Schmand, Sauerrahm, Senf, Zucker, Essig und Aprikosenmarmelade zufügen und **20 Sekunden/ Stufe 3,5** verrühren. Anschließend Gurken und Eier mit dem Spatel vorsichtig unterrühren und mit Salz und Pfeffer abschmecken.

3. Das Fleisch in Scheiben schneiden und mit der Sauce servieren.

Zutaten

Für das Fleisch:

1200 g Bug vom Rind
ca. 2 l Wasser
ca. ½ Flasche Weißwein, trocken
1 Zwiebel, geschält, halbiert
½ Knollensellerie, gewaschen, grob zerkleinert
2 Möhren, geschält, grob zerkleinert
½ Lauchstange, gewaschen, in feine Ringe geschnitten
2 Knoblauchzehen, geschält
Nelken
Lorbeerblätter
Piment

Für die Remouladensauce:

1 Zwiebel, geschält, halbiert
2 Knoblauchzehen, geschält
3 EL gemischte Kräuter (z.B. Schnittlauch, Dill, Petersilie) gewaschen, Blättchen abgezupft
200 g Schmand
200 g Sauerrahm
1 EL Senf mit Honig
½ TL Zucker
2 EL Weißweinessig
1 EL Aprikosenmarmelade
3 süß-saure Gurken, in feine Würfel geschnitten
2 hartgekochte Eier, in feine Würfel geschnitten
Salz & Pfeffer

Zwiebelkuchen vom Blech

 24 Stücke  leicht 30 Minuten + Geh- und Backzeit

1. Milch und Hefe in den Mixtopf geben und **3 Minuten/ 37°C/ Stufe 1** verrühren, anschließend 5 Minuten ruhen lassen.

2. 500 g Mehl, ½ TL Salz und 6 EL Öl zufügen und alles zusammen **5 Minuten/ Teigknetstufe** zu einem glatten Teig verarbeiten, umfüllen und zugedeckt an einem warmen Ort für ca. 1 Stunde ruhen lassen, bis sich das Volumen verdoppelt hat.

3. Die Butter in einer großen Pfanne schmelzen. Speck und Zwiebeln dazugeben und unter gelegentlichem Wenden dünsten, bis die Zwiebeln glasig sind. Dann abkühlen lassen und in den Mixtopf umfüllen.

4. Saure Sahne, 60 g Mehl und die Eier in den Mixtopf geben und **20 Sekunden/ Stufe 3,5** vermischen. Die Zwiebel-Speck Mischung zugeben und **20 Sekunden/ Stufe 3** unterrühren und mit Salz und Kümmel würzen.

5. Den Backofen auf 200°C Ober-/Unterhitze (Umluft: 175°C) vorheizen und das Backblech fetten.

6. Den Teig in Größe des Backblechs ausrollen, auf das Blech legen und den Rand hochziehen. Die Zwiebelmasse darauf verstreichen und im Backofen 40–45 Minuten backen. Aus dem Ofen nehmen und in Stücke schneiden.

Dazu passt perfekt ein Glas frisch gekühlter Federweißer!

Zutaten

250 g Milch (1,5 %)
½ Würfel (21 g) frische Hefe, zerbröselt
560 g Weizenmehl, Type 405
Salz
6 EL + etwas Öl
40 g Butter
125 g rohe Speckwürfel
1000 g Zwiebeln, geschält, geviertelt, in dünne Scheiben geschnitten
400 g Saure Sahne
3 Eier (Größe M)
½–1 EL gemahlener Kümmel

RÖMERTOPF®
RÖMERTOPF®

Döppekuchen mit Apfelmus

 8 Portionen  leicht 25 Minuten + Backzeit

1. Den Backofen auf 200 °C Ober-/Unterhitze vorheizen.

2. Das Brötchen mit der Milch in eine Schüssel geben und einweichen lassen.

3. Die Kartoffeln und Zwiebeln in 3 Portionen aufteilen und jeweils **5 Sekunden/ Stufe 7** zerkleinern. Die Flüssigkeit anschließend durch ein Sieb abtropfen lassen und die Masse in eine große Schüssel umfüllen.

4. Das eingeweichte, ausgedrückte Brötchen zu Eiern, Salz, Pfeffer und Muskat in den Mixtopf geben und **10 Sekunden/ Stufe 5** mischen. Die Masse mit den Speckwürfeln in die große Schüssel zu der Kartoffel-Zwiebel-Mischung geben und alles gut per Hand durchmengen. Sollte die Masse noch zu flüssig sein, dann noch einmal kurz im Sieb abtropfen lassen.

5. Das Sonnenblumenöl in einen Bräter geben und heiß werden lassen. Die Kartoffelmasse einfüllen und kurz anbraten, dabei aber nicht umrühren. Nun den Döppekuchen für ca. 2 Stunden auf mittlerer Schiene im Ofen backen. Nach ca. 1 Stunde kann der Bräter eine Schiene höher gesetzt werden, denn so wird die Kruste schön braun und kross. Das z.B. selbstgemachte Apfelmus dazureichen.

Zutaten

1 trockenes Brötchen
500 g Milch (1,5 %)
2500 g Kartoffeln, vorwiegend festkochend, geschält, grob zerkleinert
3 Zwiebeln, mittelgroß, geschält, halbiert
3 Eier (Gr. M)
Salz
1 TL Pfeffer
1 TL Muskat
250 g rohe Speck- oder Schinkenwürfel
30 g Sonnenblumenöl

Apfelmus

  leicht 

Alle Zutaten in den Mixtopf geben, **8 Minuten/ 100 °C/ Stufe 1** köcheln und anschließend **20 Sekunden/ Stufe 5** pürieren.

Zutaten

800 g säuerliche Äpfel, geschält, geviertelt, Kerngehäuse entfernt
20 g Zitronensaft
50 g Zucker
1 TL Vanillezucker

Wurstsalat

Zutaten

Für die Mayonnaise:

1 Ei (Größe M)
10 g Zitronensaft
1 TL Senf, mittelscharf
1 Prise Pfeffer
¼ TL Salz
250 g Rapsöl
1 EL Weißweinessig
1 TL Zucker
2 EL Gurkenwasser

außerdem:

700 g Fleischwurst, in Stücke geschnitten
300 g Gewürzgurken, in kleine Stücke geschnitten

4 Portionen

leicht

15 Minuten

1. Für die Mayonnaise Ei, Zitronensaft, Senf, Pfeffer und Salz in den Mixtopf geben, das Öl in ein Gefäß einwiegen. Das Gerät auf **Stufe 3,5** stellen und das Öl langsam ca. 2 Minuten durch die Deckelöffnung laufen lassen, ohne dabei den Messbecher abzunehmen. Weißweinessig, Zucker und Gurkenwasser zufügen und **10 Sekunden/ Stufe 3,5** verrühren, dann alles mit Pfeffer und Salz abschmecken.

2. Fleischwurst- und Gewürzgurkenstücke unter die Mayonnaise heben. Anschließend bis zum Verzehr in den Kühlschrank stellen und evtl. nochmals nachwürzen.

Schafskäse in Kräutermarinade

 2 Portionen  leicht  5 Minuten

Zutaten

5 Stiele Thymian und Oregano, gewaschen, Blättchen abgezupft
3 Stiele Basilikum, gewaschen, Blättchen abgezupft
1 Knoblauchzehe, geschält
30 g Olivenöl
2 kleine grüne Peperoni
1 rote Zwiebel, geschält, in Ringe geschnitten
400 g Schafskäse

1. Die drei Kräuter mit dem Knoblauch in den Mixtopf geben, **5 Sekunden/ Stufe 7** zerkleinern. Mit dem Spatel alles nach unten schieben. Dann das Olivenöl zugeben und **10 Sekunden/ Stufe 4** vermischen.

2. Die Peperoni waschen, in feine Ringe schneiden und mit den Zwiebelringen unter das Kräuteröl rühren. Den Schafskäse in Würfel schneiden, mit dem vorbereiteten Kräuteröl ca. 30 Minuten marinieren und dann in einer Schale anrichten.

Dazu passt Baguette oder Bauernbrot.

Heringssalat

 4 Portionen  leicht 25 Minuten

1. Zunächst das Wasser in den Mixtopf füllen. Das Ei ins Garkörbchen legen und 16 Minuten/ Varoma/ Stufe 1 hart kochen. Das Ei nach dem Garen entnehmen und unter kaltem Wasser abschrecken, pellen und klein hacken.

2. Die Heringsfilets mit Küchenpapier trocken tupfen und in kleine Stücke schneiden.

3. Die Rote Beete abtropfen lassen und klein würfeln.

4. Die Apfelviertel in den Mixtopf geben und **3 Sekunden/ Stufe 5** zerkleinern und umfüllen.

5. Den Dill (bis auf ein paar Ästchen) in den Mixtopf geben und **3 Sekunden/ Stufe 7** zerkleinern, dann mit dem Spatel nach unten schieben. Den Schmand, die Saure Sahne und die Mayonnaise dazugeben und **10 Sekunden/ Stufe 3** verrühren, mit Salz, Pfeffer und einer Prise Zucker abschmecken. Anschließend das klein gehackte Ei, die Heringsstücke, die gewürfelte Rote Beete und den zerkleinerten Apfel zufügen, mit dem Spatel alles vorsichtig unterheben und nochmals abschmecken. In einer Schale anrichten und mit dem restlichen Dill dekorieren.

Dazu passen Bratkartoffeln oder auch das Walnussbrot von S. 129.

Zutaten

500 g Wasser
1 Ei (Größe M)
3 Bismarckheringe, doppelt, à 50 g
100 g Rote Beete, vorgegart
1 kleiner Apfel, geschält, geviertelt, Kerngehäuse entfernt
1 Bund Dill, gewaschen, Fähnchen vom Stängel gezupft
100 g Schmand
100 g Saure Sahne
50 g Mayonnaise
Salz & Pfeffer
1 Prise Zucker

Winzertopf

 4 Portionen  leicht 30 Minuten

1. Die Zwiebeln in den Mixtopf geben und **5 Sekunden/ Stufe 5** zerkleinern.

2. Das Öl in einer Pfanne erhitzen und den Speck und die zerkleinerten Zwiebeln darin goldbraun braten. Das Putenfleisch salzen, pfeffern und mitbraten, anschließend das Ganze in den Mixtopf umfüllen. Traubensaft und Wasser zufügen und **10 Minuten/ 80°C/ Linkslauf/ Stufe 1** garen.

3. Die Butter in einer Pfanne erhitzen und die Champignons darin anbraten, dann mit Mehl bestäuben und mit Weißwein ablöschen. Den Wein zur Hälfte einreduzieren lassen und dann die Mischung ebenso in den Mixtopf geben. Jetzt den Sauerrahm zufügen, mit Salz und Pfeffer abschmecken und **20 Sekunden/ Linkslauf/ Stufe 2** vermischen. Die Speisestärke mit ein wenig Wasser anrühren und ebenso in den Mixtopf geben.

4. Trauben und Crème fraîche zugeben und **5 Minuten/ 100°C/ Linkslauf/ Stufe 2** erhitzen. Mit Salz, Pfeffer und Zitronensaft abschmecken.

Zutaten

2 Zwiebeln, geschält, halbiert
4 EL Rapsöl
60 g magere Speckwürfel
400 g Putenbrust, gewaschen, in mundgerechte Stücke geschnitten
Salz & Pfeffer
200 g Traubensaft
100 g Wasser
3 EL Butter
150 g frische Champignons, geputzt, in Scheiben geschnitten
2 EL Mehl
200 g Weißwein, trocken
400 g Sauerrahm
30 g Speisestärke
200 g kernlose Weintrauben, gewaschen, vom Stiel gezupft
50 g Crème fraîche
Saft von 1 Zitrone

Winzer-Rösti

 4 Portionen  leicht 60 Minuten

1. Das Wasser mit einer Prise Salz in den Mixtopf füllen. Die Kartoffeln in das Garkörbchen legen, in den Mixtopf einsetzen und **25 Minuten/ 120°C/ Stufe 1** garen. Anschließend abschütten und über Nacht abkühlen lassen. Am nächsten Tag die Schale pellen und die Kartoffeln grob würfeln.

2. Die Zwiebeln in den Mixtopf geben und **5 Sekunden/ Stufe 5** zerkleinern. Mit dem Spatel die Reste vom Rand herunterschieben. 25 g Butter zufügen und **4 Minuten/ 120°C/ Stufe 1** glasig dünsten. Kartoffelstücke durch eine Spätzlepresse drücken und mit dem Ei in den Mixtopf geben. Anschließend **20 Sekunden/ Stufe 3** mischen, mit Salz und Pfeffer würzen.

3. 1 EL Butter in die Pfanne geben und ¼ der Kartoffelmasse zugeben, zu einem Rösti formen und mit dem Pfannenwender gut zusammendrücken. Auf einer Seite bei niedriger Hitze goldgelb braten. Dann auf einen Teller stürzen, 1 EL Butter in die Pfanne geben und das Rösti auf der zweiten Seite goldgelb braten, dabei zwischendurch immer wieder mit dem Pfannenwender zusammendrücken. Mit der restlichen Masse genauso verfahren und 3 weitere Röstis formen.

4. Den Backofen auf 200°C Grill-Funktion vorheizen.

5. Das Backblech mit Backpapier auslegen und nacheinander die 4 Rösti daraufsetzen.

6. Den durchwachsenen Speck auf die Rösti legen, mit den Emmentaler-Scheiben belegen und im Backofen ca. 5 Minuten überbacken, bis der Käse zerläuft.

Zutaten

500 g Wasser
Salz & Pfeffer
750 g Kartoffeln, festkochend
2 Zwiebeln, geschält, halbiert
25 g + 8 EL Butter
1 Ei (Größe M)
8 Scheiben Speck, durchwachsen
4 Scheiben Emmentaler

Grüne Sauce mit Pellkartoffeln

 4 Portionen  leicht 55 Minuten

Zutaten

1 großer Bund gemischte Kräuter für Frankfurter Grüne Sauce (Kerbel, Petersilie, Pimpinelle, Sauerampfer, Schnittlauch, Kresse und Borretsch), gewaschen, Blättchen vom Stängel gezupft
1250 g Wasser
5 Eier (Größe M)
Salz & Pfeffer
2 TL scharfer Senf
100 g Sonnenblumenöl
100 g Schmand
100 g Saure Sahne
750 g kleine Kartoffeln, festkochend, gewaschen

1. Die Kräuter in den Mixtopf geben, **5 Sekunden/ Stufe 7** zerkleinern, umfüllen und dann den Mixtopf reinigen.

2. 500 g Wasser in den Mixtopf füllen, die Eier in das Garkörbchen legen und **16 Minuten/ Varoma/ Stufe 1** garen. Das Garkörbchen anschließend entnehmen, die Eier unter kaltem Wasser abschrecken, schälen und halbieren, dann jeweils das Eigelb herauslösen und in den leeren Mixtopf geben.

3. Den Schmetterling in den Mixtopf einsetzen und Eigelb mit Salz, Pfeffer und Senf **20 Sekunden/ Stufe 3** glatt verrühren. Dann das Gerät auf **Stufe 3** einstellen und über ca. 2 Minuten das Sonnenblumenöl, den Schmand und die Saure Sahne zugeben und unterrühren.

4. Das Eiweiß in kleine Würfel schneiden. Die Kräuter und ca. ⅔ der Eiweißwürfel mit dem Spatel in die Grüne Sauce rühren, eventuell nochmals abschmecken und in eine Schüssel füllen.

5. Die restlichen 750 g Wasser in den Mixtopf füllen. Garkörbchen einsetzen, Kartoffeln einlegen und **25 Minuten/ 120°C/ Stufe 1** garen. Mit kaltem Wasser abschrecken, pellen und zur Grünen Sauce servieren, mit den restlichen Eiweißwürfeln garnieren.

Riesling-Gugelhupf mit Quark-Dip

12 Portionen | leicht | 25 Minuten + Back- und Ruhezeit

1. Die Schinkenwürfel in einer Pfanne ohne Fett bei mittlerer Hitze unter Wenden ca. 2 Minuten knusprig braten, dann auf einem Küchenpapier abtropfen lassen. Die Walnüsse grob zerkleinern und die Hälfte der Petersilienblätter grob zerkleinern.

2. Riesling, Hefe und 1 TL Zucker in den Mixtopf geben und **3 Minuten/ 37°C/ Stufe 1** vermischen, anschließend 5 Minuten ruhen lassen. Mehl, Eier und Salz dazugeben und **5 Minuten/ Teigknetstufe** verkneten. Dann die Butter zufügen und weitere **3 Minuten/ Teigknetstufe** zu einem glatten, geschmeidigen Teig verkneten. Abschließend Schinkenwürfel, Walnüsse und die grob zerkleinerte Petersilie zugeben und weitere **2 Minuten/ Teigknetstufe** unterkneten.

3. Die Form einfetten und bemehlen, dann den Teig einfüllen und zugedeckt an einem warmen Ort ca. 1 Stunde gehen lassen.

4. Für den Dip die restliche Petersilie (bis auf ein paar Blättchen zum Garnieren) in den Mixtopf geben und **3 Sekunden/ Stufe 7** zerkleinern, anschließend mit dem Spatel nach unten schieben. Quark, Joghurt, Schnittlauch und 1 TL Zucker in den Mixtopf geben und **10 Sekunden/ Stufe 3** verrühren. Mit Salz und Pfeffer abschmecken, umfüllen und zugedeckt kaltstellen.

5. Den Backofen auf 175°C Ober-/Unterhitze (Umluft: 150°C/ Gas: s. Hersteller) vorheizen.

6. Den Gugelhupf ca. 40 Minuten backen und anschließend auf einem Kuchengitter auskühlen lassen, dann mit dem Quark-Dip anrichten und mit Petersilie garnieren.

Zutaten

150 g rohe Schinkenwürfel
100 g Walnusskerne
8 Stiele glatte Petersilie, gewaschen, Blättchen abgezupft
220 g Riesling, halbtrocken
30 g frische Hefe, zerbröselt
2 TL Zucker
500 g Weizenmehl, Type 405
2 Eier (Größe M)
1 TL Salz
150 g Butter
250 g Magerquark
4 EL Vollmilch-Joghurt
½ Bund Schnittlauch, gewaschen, mit einer Schere in Röllchen geschnitten
Pfeffer
Fett und Mehl
Gugelhupf-Form

DE

SSERTS

Rotweinkuchen

20 Minuten + Backzeit

1. Den Schmetterling in den Mixtopf einsetzen. Butter und Zucker zugeben und **3 Minuten/ Stufe 3,5** schaumig rühren und mit dem Spatel nach unten schieben. Auf **Stufe 3,5** weiterlaufen lassen, den Messbecher entfernen und die Eier nach und nach zugeben (ca. 1,5 Minuten). Dann den Schmetterling entfernen.

2. Den Backofen auf 190°C Ober-/Unterhitze (Umluft: 175°C, Gas: Stufe 3) vorheizen. Die Kranzform einfetten und mit Semmelbröseln ausstreuen.

3. Das Mehl mit Backpulver, Zimt und Kakao mischen und sieben. Das Gerät auf **Stufe 3,5** einstellen, erst die Mehlmischung und dann den Rotwein nach und nach zugeben und über ca. 2 Minuten gut verrühren. Anschließend die Schokoladensplitter zugeben und mit dem Spatel unterheben.

4. Den Teig in die Form füllen und im Backofen ca. 40–50 Minuten backen. Zum Überprüfen die Stäbchenprobe durchführen, dann den Rotweinkuchen aus dem Backofen nehmen und vollständig abkühlen lassen.

5. Die Zutaten für den Guss mit dem Schneebesen verrühren und den erkalteten Kuchen damit überziehen oder einfach mit Puderzucker bestäuben.

Zutaten

Für den Teig:
250 g Butter, Zimmertemperatur
250 g Zucker
4 Eier (Größe M)
250 g Weizenmehl, Type 405
1 Pck. Backpulver
1 TL Zimt
10 g Backkakao
125 g Mosel-Rotwein, trocken
50 g Schokoladensplitter
Margarine und Semmelbrösel für die Backform

Für den Guss:
20 g Puderzucker
10 g Rotwein

außerdem:
1 Kranzform

Riesling-Weincreme

Zutaten

250 g Sahne
750 g Riesling, fruchtig
75 g Zucker
2 Pck. Vanillepuddingpulver
4 Eier (Größe M)
Mark von 1 Vanilleschote oder etwas gemahlene Bourbon-Vanille

außerdem:
Zimtröllchen oder Butterkekse

 4–6 Portionen  leicht  20 Minuten + Kühlzeit

1. Schmetterling in den Mixtopf einsetzen, die Sahne zugeben und **unter Beobachtung auf Stufe 3** steif schlagen, umfüllen und kaltstellen. Anschließend den Mixtopf säubern.

2. Den Schmetterling erneut einsetzen, die restlichen Zutaten in den Mixtopf geben und **6 Minuten/ 100°C/ Stufe 3** zum Kochen bringen. Anschließend den Messbecher entfernen und weitere **10 Minuten/ Stufe 2** verrühren, dann abkühlen lassen.

3. Die Sahne vorsichtig mit dem Spatel unter die abgekühlte Weincreme heben, dann in Dessertgläser oder eine Schüssel umfüllen und kaltstellen.

4. Kurz vor dem Servieren mit Zimtröllchen oder zerkleinerten Butterkeksen bestreuen und wahlweise noch mit ein paar Tupfen Sahne dekorieren.

Apfel-Butterkuchen

 8 Portionen  leicht  25 Minuten + Ruhe- und Backzeit

1. Für den Teig Milch, Ei, Butter, Zucker, Vanillezucker und Salz in den Mixtopf geben und **3 Minuten/ 50°C/ Stufe 2** erwärmen. Erst die Hefe zufügen und **10 Sekunden/ Stufe 3** vermischen, dann das Mehl und alles **5 Minuten/ Teigknetstufe** zu einem glatten Teig verarbeiten, diesen umfüllen und zugedeckt an einem warmen Ort ca. 30 Minuten gehen lassen.

2. Den Backofen auf 180°C Ober-/Unterhitze vorheizen.

3. Das Backblech mit 20 g Butter einfetten, die Hälfte des Teiges darauf geben und nochmals abgedeckt 15 Minuten gehen lassen. Die Apfelviertel in Würfel schneiden, auf dem Teig verteilen und mit dem restlichen Teig belegen. Damit der Dampf beim Backen entweichen kann, werden mit den Fingern einfach ein paar Löcher in den Teig gedrückt.

4. Zucker mit Zimt mischen und mit den Mandelstiften auf dem Teig verteilen. Anschließend die Butterflocken darüber geben und im vorgeheizten Backofen ca. 50–60 Minuten backen.

Zutaten

250 g Milch (1,5 %)
1 Ei (Größe M)
80 g Butter, Zimmertemperatur
+ 20 g zum Einfetten
100 g Zucker
1 Pck. Vanillezucker
1 Prise Salz
1 Würfel frische Hefe, zerbröselt
500 g Weizenmehl, Type 405
1500 g Äpfel, geschält, geviertelt, Kerngehäuse entfernt

Für den Belag:
100 g Zucker
1 EL Zimtpulver
100 g Mandelstifte
200 g Butterflocken

Arme Ritter mit Weinschaumsauce

 4 Portionen  leicht  30 Minuten

1. Die Rinde der trockenen Brötchen mit einer Reibe abreiben, dann die Brötchen halbieren und in eine Schüssel legen.

2. Den Schmetterling in den Mixtopf einsetzen und die Eier trennen. Eigelb, Zucker und Vanillezucker zugeben und **2 Minuten/ Stufe 3,5** schaumig rühren. Den Zitronensaft und die Milch zufügen und **10 Sekunden/ Stufe 3,5** untermischen. Den Schmetterling aus dem Mixtopf entfernen, die Eier-Milch-Masse über die Brötchenhälften gießen und etwa 15 Minuten ziehen lassen, dann leicht ausdrücken.

3. Den Mixtopf währenddessen fettfrei reinigen.

4. Den Schmetterling wieder einsetzen. Das Eiweiß mit Wasser in den Mixtopf geben, **10 Sekunden/ Stufe 4** verquirlen und in einen tiefen Teller umfüllen. Einen weiteren tiefen Teller mit Semmelbröseln vorbereiten. Die Brötchenhälften zunächst im Eiweiß, dann in den Semmelbröseln wenden. Das Butterschmalz in einer Pfanne erhitzen und die Brötchenhälften auf beiden Seiten hellbraun ausbacken. Anschließend Zucker und Zimt vermischen und die Brötchen darin wenden.

5. Für die Weinschaumsauce den Schmetterling in den sauberen Mixtopf einsetzen, das Ei und den Zucker zugeben und **4 Minuten/ Stufe 3,5** schaumig rühren. Den Schmetterling wieder entfernen, Speisestärke, Zitronensaft und -schale, Wein und Wasser zufügen und **4 Minuten/ 80°C/ Stufe 2,5** schaumig rühren. Anschließend weitere **3 Minuten/ 100°C/ Stufe 2,5** ohne Messbecher andicken lassen.

6. Die Brötchenhälften mit Zitronenmelisse oder Minze dekorieren und mit der Weinschaumsauce servieren.

Zutaten

4 trockene Brötchen
2 Eier (Größe M)
20 g Zucker
1 Pck. Vanillezucker
Saft von einer ½ Zitrone
500 g Milch
1 EL Wasser
Semmelbrösel
Butterschmalz
20 g Zucker
1 TL Zimt

Weinschaumsauce:
1 Ei (Größe M)
30 g Zucker
5 g Speisestärke
1 Bio-Zitrone
250 g Weißwein, trocken
125 g Wasser
Zitronenmelisse oder Minze

Rotweincreme

 6 Portionen  leicht 40 Minuten + Kühlzeit

1. Gelatine mit 4 EL kaltem Wasser verrühren. Schmetterling in den Mixtopf einsetzen. Eier trennen. Eigelbe, 80 g Zucker und Vanillezucker in den Mixtopf geben und **5 Minuten/ Stufe 3,5** schaumig rühren.

2. Gelatine über einem warmen Wasserbad auflösen und mit dem Wein verrühren. Anschließend zu der Schaummasse geben und **20 Sekunden/ Stufe 3,5** verrühren, umfüllen und kalt stellen. Mixtopf reinigen.

3. Den Schmetterling in den sauberen Mixtopf einsetzen. Die Sahne in den Mixtopf geben und **unter Beobachtung auf Stufe 3** steif schlagen, dabei 50 g Zucker einrieseln lassen, umfüllen.

4. Den Mixtopf reinigen und den Schmetterling wieder einsetzen. Eiweiß in den fettfreien Mixtopf füllen und **1,5 Minuten/ Stufe 3,5** steif schlagen. Die leicht gelierte Weinmasse und die Hälfte der steif geschlagenen Sahne zugeben und **10 Sekunden/ Stufe 3** untermischen.

5. Weincreme und übrige Sahne abwechselnd schichtweise in Gläser füllen und ca. 2 Stunden kalt stellen. Vor dem Servieren die Schokolade mit einem Sparschäler in Späne raspeln und über die Creme streuen.

Zutaten

1 Päckchen gemahlene Gelatine
3 Eier (Größe M)
130 g Zucker
1 Päckchen Vanillezucker
300 g Rotwein
300 g Sahne
40 g Vollmilchschokolade

Dampfnudeln mit Vanille-Mohn-Sauce

 12 Dampfnudeln  leicht 50 Minuten + Ruhezeit

1. Zucker, Hefe, Salz und Milch in den Mixtopf geben und **3 Minuten/ 37°C/ Stufe 1** verrühren, anschließend 5 Minuten ruhen lassen. Dann Ei, Butter und Mehl hinzufügen und **5 Minuten/ Teigknetstufe** verkneten. Den Teig zu einer Kugel formen, in eine große Schüssel umfüllen und mit einem Handtuch abgedeckt an einem warmen Ort für ca. 1 Stunde ruhen lassen.

2. Den Teig anschließend mit leicht bemehlten Händen nochmals durchkneten, daraus ca. 11–12 kleine Kugeln mit den Händen formen und auf einem bemehlten Brett ablegen. Dann die Dampfnudeln abdecken und nochmals für ca. 30–45 Minuten gehen lassen.

3. Zum Garen das Wasser in den Mixtopf geben, den Varoma aufsetzen, die Dampfnudeln mit Abstand einlegen und **20 Minuten/ Varoma/ Stufe 1** garen.

4. Für die Sauce den Schmetterling in den Mixtopf einsetzen, dann Milch, Zucker, Vanillepuddingpulver und Mohn zugeben und **7 Minuten/ 90°C/ Stufe 2** aufkochen. Die Sauce zu den Dampfnudeln servieren.

Zutaten

Für den Teig:
75 g Zucker
1 Würfel frische Hefe, zerbröselt
1 TL Salz
200 g Milch (3,5 %)
1 Ei (Größe M)
75 g Butter
500 g Weizenmehl, Type 405 + etwas Mehl für die Arbeitsfläche
700 g Wasser

Für die Vanille-Mohn-Sauce:
500 g Milch (3,5 %)
40 g Zucker
1 Pck. Vanillepuddingpulver
30 g Dampfmohn

Weinbergpfirsiche einmachen

2 Gläser à 500 ml, sterilisiert, s. S. 131

leicht

45 Minuten + Backofenzeit

1. Wasser, Zucker, Vanillezucker und Salz in den Mixtopf geben und **8 Minuten/ 100°C/ Stufe 2** kochen.

2. Die Pfirsiche schälen, entkernen, in Hälften schneiden und auf Einmachgläser verteilen. Dann die heiße Flüssigkeit einfüllen, so dass die Früchte komplett damit bedeckt sind. Jeweils noch eine Gewürznelke mit hineingeben und die Einmachgläser fest verschließen.

3. Ein Backblech mit Wasser befüllen und die Gläser so darauf stellen, dass sie sich nicht gegenseitig berühren. Das Blech in die unterste Leiste des Backofens schieben. Den Ofen auf 175°C Ober-/Unterhitze aufheizen. Sobald in den Gläsern Luftbläschen aufsteigen, den Ofen ausschalten, aber die Gläser noch 30 Minuten im geschlossenen Ofen stehen lassen.

4. Die Gläser aus dem Ofen nehmen, auf den Deckel stellen, und mehrere Stunden lang so stehen lassen. An einem kühlen, dunklen Ort lagern.

Zutaten

1500 g Wasser
200 g Zucker
1 ½ Päckchen Vanillezucker
1 Prise Salz
1000 g rote Weinbergpfirsiche
2 Gewürznelken

Limetten-Panna-Cotta mit roten Weinbergpfirsichen

 8 Portionen  leicht  25 Minuten + Kühl- und Marinierzeit

Zutaten

400 g rote Weinbergpfirsiche, in Hälften eingekocht (s. S. 106)
3 EL roter Weinbergpfirsichlikör
8 Blatt Gelatine
800 g Sahne
75 g Zucker
1 Bio-Limette
1 Vanilleschote, halbiert, Mark herausgekratzt
100 g Mandelblättchen

außerdem:
Minze zum Verzieren
Abrieb von 1 Bio-Zitrone, zum Garnieren
8 Gläser

1. Eingekochte Weinbergpfirsich-Hälften mit dem Weinbergpfirsichlikör mischen und ca. 1 Stunde marinieren.

2. Die Gelatine nach Packungsanweisung in Wasser einweichen.

3. 500 g Sahne, Zucker, Limettensaft und -schale sowie Vanilleschote und -mark in den Mixtopf geben und **8 Minuten/ 100°C/ Stufe 1** köcheln lassen, anschließend im Mixtopf abkühlen lassen und die Vanilleschote entfernen.

4. Die Gelatine ausdrücken, zur abgekühlten Sahnemischung geben und **10 Sekunden/ Stufe 3** unterrühren, anschließend umfüllen und nun die Masse für ca. eine ½ Stunde in den Kühlschrank stellen.

5. Die Mandelblättchen in einer Pfanne ohne Fett rösten und abkühlen lassen.

6. Den Schmetterling in den sauberen Mixtopf einsetzen, 300 g Sahne zugeben und **unter Beobachtung auf Stufe 3** steif schlagen. Die Sahne dann vorsichtig unter die abgekühlte Panna-Cotta-Masse ziehen. Diese in mit kaltem Wasser ausgespülte Gläser füllen und für mindestens 4 Stunden in den Kühlschrank stellen.

7. Die Creme zum Servieren mit einem Messer vorsichtig vom Glasrand lösen und auf einen Dessertteller stürzen, dann mit den gerösteten Mandeln, Zitronenabrieb und der Minze dekorieren und mit den marinierten Weinbergpfirsichen anrichten.

Versunkener Weinbergpfirsich-Kuchen mit Streuseln

 12 Portionen  leicht 40 Minuten + Backzeit

1. Die Pfirsiche in kochendem Wasser sehr kurz blanchieren, dann kalt abschrecken, schälen, entsteinen und vierteln.

2. Den Backofen auf 170 °C Ober-/Unterhitze (Umluft: 150 °C) vorheizen.

3. Butter, Zucker, Vanillezucker und Salz in den Mixtopf geben und **2 Minuten/ Stufe 3,5** schaumig rühren. Anschließend auf **Stufe 3,5** weiterlaufen lassen und über ca. 1 Minute nach und nach die Eier zugeben. Auf **Stufe 3,5** ca. 2 Minuten weiterlaufen lassen und Mehl, Saucenpulver und Backpulver löffelweise zugeben.

4. Das Backblech mit Backpapier auslegen. Den Teig darauf verteilen und glattstreichen. Die Pfirsiche auf dem Teig verteilen und im vorgeheizten Backofen ca. 10–15 Minuten backen.

5. In der Zwischenzeit alle Zutaten für die Streusel in den Mixtopf geben und **15 Sekunden/ Stufe 4** verrühren. Anschließend mit den Händen zu kleinen Streuseln verkneten, über dem Kuchen verteilen und weitere 30–35 Minuten backen.

Zutaten

2000 g rote Weinbergpfirsiche
250 g Butter, weich, in Stücken
180 g Zucker
1 Pck. Vanillezucker
1 Prise Salz
4 Eier (Größe M)
375 g Weizenmehl, Type 405
1 Pck. Saucenpulver Vanillegeschmack für ½ l zum Kochen
1 Pck. Backpulver

Für die Streusel:

150 g Weizenmehl, Type 405
1 TL Backpulver
150 g brauner Zucker
100 g Butter
½ TL Zimt

außerdem:

1 Backblech + -papier

Vanille-Mohn-Eis mit Trester-Pflaumen

 4 Portionen  leicht 25 Minuten + Kühlzeit

1. Alle Zutaten für das Mohn-Eis in den Mixtopf geben und **1 Minute/ Stufe 3,5** verrühren. Anschließend die Masse in eine Eismaschine geben oder alternativ ins Gefrierfach stellen (dann alle 20 Minuten umrühren).

2. Den Schmetterling in den Mixtopf einsetzen. Den Kirschsaft und das Vanillesaucenpulver einfüllen und **10 Sekunden/ Stufe 3,5** verrühren. Den Schmetterling entfernen, dann den Zucker zufügen und **7 Minuten/ 100°C/ Stufe 2** erhitzen. Die halbierten Pflaumen, den Trester und etwas Zimt zugeben und weitere **8 Minuten/ 100°C/ Stufe 1** ohne Messbecher köcheln lassen, anschließend umfüllen und abkühlen lassen.

3. Das Eis zu Kugeln portionieren und mit den Trester-Pflaumen anrichten.

Zutaten

Für das Mohn-Eis:
150 g Milch (3,5 %)
350 g Sahne
Mark von 1 Vanilleschote
50 g Zucker
50 g Dampfmohn
1 Prise Salz

Trester-Pflaumen:
500 g Kirschsaft
1 Pck. Vanillesaucenpulver
30 g Zucker
500 g Pflaumen, gewaschen, halbiert, Stein entfernt
10 g Trester
Zimt

Apfeltarte mit Walnusseis und Sahne

 8 Portionen  leicht 30 Minuten + Backzeit

1. Den Backofen auf 220°C Ober-/Unterhitze vorheizen.
2. Den Blätterteig auf einem Backblech auslegen, mit Schmand bestreichen und etwas Zimt und Zucker darüber geben.
3. Die Äpfel in nicht zu dünne Spalten schneiden, den mit Schmand bestrichenen Blätterteigboden damit belegen und im Backofen auf mittlerer Schiene ca. 20 Minuten backen. Anschließend die fertig gebackene, warme Tarte mit der Aprikosenmarmelade bestreichen.
4. Den Schmetterling in den sauberen Mixtopf einsetzen, die Sahne zugeben und **unter Beobachtung auf Stufe 3** steif schlagen.
5. Die Tarte mit dem Walnusseis und der geschlagenen Sahne servieren.

Zutaten

1 Pck. Blätterteig, aus dem Kühlregal
200 g Schmand
etwas Zimt und Zucker
5 große Äpfel, z.B. Boskoop oder Cox Orange, geschält, Kerngehäuse entfernt
5 EL Aprikosenmarmelade

außerdem:
200 g Sahne
Vanille-Walnuss-Eis mit Honig (s. unten)

Vanille-Walnuss-Eis mit Honig

 8 Portionen  leicht  10 Minuten + Kühlzeit

Die Walnüsse in einer Pfanne ohne Öl anrösten und anschließend in den Mixtopf füllen. Die restlichen Zutaten zugeben und **20 Sekunden/ Linkslauf/ Stufe 3** miteinander verrühren. Anschließend die Masse in eine Eismaschine geben und ca. 1 Stunde gefrieren. Alternativ kann das Eis auch ins Gefrierfach gestellt werden, dann muss es alle 20 Minuten umgerührt werden.

Zutaten

80 g Walnüsse, grob zerkleinert
150 g Milch
350 g Sahne
Mark von 1 Vanilleschote
50 g Honig
1 Prise Salz

Schmand-Mousse mit Tonkabohnen-Aroma und Aprikosensauce

 4 Portionen  leicht  30 Minuten + Kühlzeit

1. Den Schmetterling in den Mixtopf einsetzen, die Sahne in den fettfreien Mixtopf füllen und **unter Beobachtung auf Stufe 3** steif schlagen, dann umfüllen. Die Gelatine nach Packungsanweisung in Wasser einweichen.

2. Schmand und Zucker in den Mixtopf geben und **30 Sekunden/ Stufe 3** gut verrühren. Zitronensaft und -schale sowie ein wenig geriebene Tonkabohne zugeben und **10 Sekunden/ Stufe 3** vermischen. Die Gelatine gut ausdrücken, mit einem Teil der Schmand-Masse unter Rühren erhitzen, dann zu der restlichen Mousse-Masse in den Mixtopf geben und **30 Sekunden/ Stufe 4** mischen.

3. Die Schlagsahne mit dem Spatel unter die Mousse heben, dann in Gläser füllen und kalt stellen.

4. Alle Zutaten für die Aprikosensauce in den sauberen Mixtopf geben und **12 Minuten/ 100°C/ Stufe 2** kochen, dann **30 Sekunden/ Stufe 8–10** langsam ansteigend pürieren, umfüllen und abkühlen lassen. Die Mousse mit der Aprikosensauce servieren.

Zutaten

Für die Mousse:
300 g Sahne
2 ½ Blatt weiße Gelatine
375 g Schmand
135 g Zucker
2 Bio-Zitronen
etwas geriebene Tonkabohne

Für die Aprikosensauce:
250 g Aprikosen, gewaschen, geviertelt, Kerne entfernt
2 EL flüssiger Honig
1 EL Wasser

Waldhonigparfait mit Thymian & Aprikosensauce

 8 Portionen  leicht 40 Minuten + Kühlzeit

1. Die Kastenform mit ein wenig Öl bestreichen und mit Klarsichtfolie auslegen.

2. Mascarpone, Honig, Eigelbe und Thymian in den Mixtopf geben und **3 Minuten/ 100°C/ Stufe 2** verrühren. Anschließend die Creme durch ein Sieb in eine Schüssel gießen und auskühlen lassen und den Mixtopf fettfrei reinigen.

3. Den Schmetterling in den Mixtopf einsetzen, das Eiweiß mit dem Salz einfüllen, **1,5 Minuten/ Stufe 3,5** steif schlagen, umfüllen und kaltstellen. Den Mixtopf reinigen. Er muss fettfrei sein.

4. Den Schmetterling wieder einsetzen, die Sahne einfüllen und **unter Beobachtung auf Stufe 3** steif schlagen. Anschließend den Schmetterling entfernen, den Eischnee und die Mascarpone-Masse zugeben und **10 Sekunden/ Stufe 3** unter die Masse ziehen. Alles in die vorbereitete Form füllen und zugedeckt ca. 4 Stunden gefrieren.

5. Alle Zutaten für die Aprikosensauce in den Mixtopf geben und **12 Minuten/ 100°C/ Stufe 2** weich kochen, dann **30 Sekunden/ Stufe 8–10** langsam ansteigend pürieren, umfüllen und abkühlen lassen.

6. Für das Krokant die Nüsse in den Mixtopf geben und **3 Sekunden/ Stufe 5** zerkleinern. Den Zucker und das Wasser in einer Pfanne ohne Rühren aufkochen, dann die Hitze reduzieren und unter gelegentlichem hin- und herbewegen köcheln lassen, bis ein hellbrauner Karamel entsteht. Die Nüsse und den Honig beigeben, mischen und sofort auf ein Backpapier ausstreichen. Das ausgekühlte Nusskrokant in Stücke brechen.

7. Das Parfait auf ein Brett stürzen und die Folie entfernen. Dann das Parfait in ca. 2 cm dicke Scheiben schneiden und mit der Aprikosensauce und dem Nusskrokant dekorieren.

Zutaten

100 g Mascarpone
100 g flüssiger Waldhonig
3 frische Eier (Größe M), getrennt
2 Stängel Thymian, gewaschen, Blättchen abgezupft
1 Prise Salz
150 g Sahne

Für die Aprikosensauce:

250 g Aprikosen, geviertelt
2 EL flüssiger Honig
1 EL Wasser

Für das Nusskrokant:

40 g Walnusskerne
40 g Zucker
2 EL Wasser
2 EL flüssiger Honig

außerdem:

Öl für das Einfetten der Form
Kastenform, ca. 25 cm

Aprikosentarte

 8 Portionen  leicht 35 Minuten + Kühl- und Backzeit

1. Puderzucker und Salz mit der kalten Butter in den Mixtopf geben und **1 Minute/ Stufe 3,5** verrühren. Anschließend die Masse mit dem Spatel vom Rand in die Mitte schieben, das Ei zufügen und **2 Minuten/ Stufe 3,5** weiterrühren. Falls nötig nochmals die Masse mit dem Spatel zur Mitte schieben und **1 Minute/ Stufe 3,5** verrühren. Das Mehl hinzufügen und **1 Minute/ Teigknetstufe** verkneten. Den Teig aus dem Mixtopf herausholen und gut mit den Händen durchkneten. Den Teigling in Frischhaltefolie wickeln und für 1 Stunde in den Kühlschrank legen.

2. Anschließend den gekühlten Teig auf einer bemehlten Arbeitsfläche ausrollen oder direkt in einer gefetteten Tarteform verteilen. Den Teig, der übersteht, entfernen, daraus dann eine Rolle formen und diese an den Rand andrücken. Anschließend die Tarteform noch einmal 20 Minuten kaltstellen.

3. Den Backofen auf 180°C Ober-/Unterhitze vorheizen.

4. Den Teig mit einer Gabel mehrmals einstechen, mit Backpapier abdecken und dieses mit getrockneten Hülsenfrüchten beschweren, damit sich der Teigboden beim Backen nicht nach oben wölbt. Den Tarteboden in der Mitte des vorgeheizten Backofens 15 Minuten backen. Danach das Backpapier und die Hülsenfrüchte entfernen und den Boden bei ausgeschaltetem Ofen für ca. 10 Minuten ausbacken lassen.

5. Den Tarteboden mit den gemahlenen Mandeln bestreuen, dann die Aprikosen ringförmig darauf verteilen. Den Schmetterling in den Mixtopf einsetzen, Butter, Vanillezucker und Zucker zugeben und **2 Minuten/ Stufe 3,5** schaumig rühren. Anschließend auf **Stufe 3,5** über ca. 3 Minuten weiterlaufen lassen und erst die Eier, dann das Mehl und zum Schluss die Crème fraîche zufügen. Die Masse über das Obst geben und weitere 30 Minuten bei 170°C backen.

6. Die Pinienkerne in einer Pfanne mit etwas Butter und einer Prise Salz bräunen. Den Honig hinzufügen und bei geringer Temperatur karamellisieren lassen. Die Nussmasse über der abgekühlten Tarte verteilen.

Zutaten

Für den Mürbeteig:
80 g Puderzucker
1 Prise Salz
100 g kalte Butter, in Stücke geschnitten
1 Ei (Größe M)
200 g Weizenmehl, Type 405
90 g gemahlene Mandeln

Für die Füllung:
450 g Aprikosen, gewaschen, halbiert, Kern entfernt und in Scheiben geschnitten
100 g weiche Butter
1 Pck. Vanillezucker
100 g Zucker
2 Eier
50 g Mehl
100 g Crème fraîche

Für den Belag:
100 g Pinienkerne
etwas Butter
1 Prise Salz
2 EL Honig

außerdem:
Tarteform, ø 26 cm
Hülsenfrüchte zum Blindbacken

Winzertorte

 12 Portionen  leicht 40 Minuten + Kühlzeit

1. Alle Teigzutaten in den Mixtopf geben und **2 Minuten/ Teigknetstufe** kneten, dann mit den Händen zu einer Kugel formen, in Folie wickeln und 15 Minuten in den Kühlschrank legen.

2. Für die Füllung die Apfelstücke in den Mixtopf geben und **3 Sekunden/ Stufe 5** zerkleinern, umfüllen, dann den Mixtopf auswaschen.

3. Weißwein, Zucker und Vanillepuddingpulver in den Mixtopf geben. Den Schmetterling einsetzen und **6 Minuten/ 100°C/ Stufe 4** aufkochen. Den Schmetterling entfernen, dann die Apfelstücke zugeben und mit dem Spatel vorsichtig unterheben. Das Ganze abkühlen lassen.

4. Die Springform einfetten und den Teig damit auslegen, dabei einen ca. 3 cm hohen Rand formen.

5. Den Backofen auf 170°C Ober-/Unterhitze vorheizen.

6. Die abgekühlte Apfelmasse in die Springform geben und auf der zweiten Schiene von unten ca. 90 Minuten backen. In der Form gut auskühlen lassen, am besten über Nacht.

7. Für die Garnitur den Schmetterling einsetzen. Sahne, Vanillezucker und Sahnesteif in den fettfreien Mixtopf geben und **unter Beobachtung auf Stufe 3** steif schlagen. Den Kuchen damit bestreichen und zum Schluss dünn mit Zimt bestäuben.

Tipp: Du kannst den Kuchen auch ohne Garnitur servieren und einfach die aufgeschlagene Sahne zum Kuchen dazu reichen.

Zutaten

Für den Teig:
250 g Weizenmehl, Type 405
½ Pck. Backpulver
125 g Butter
125 g Zucker
1 Pck. Vanillezucker
1 Ei (Größe M)
1 Prise Salz

Für die Füllung:
1000 g Äpfel, z.B. Boskoop, geschält, geviertelt, Kerngehäuse entfernt
750 g Weißwein, trocken
250 g Zucker
2 Pck. Vanillepuddingpulver

Für die Garnitur:
500 g Sahne
2 Pck. Vanillezucker
2 Pck. Sahnesteif
etwas Zimt

außerdem:
Springform, ø 26 cm

VERSC

ZUM
HENKEN

Walnussbrot

 12 Scheiben  leicht 20 Minuten + Ruhe- und Backzeit

Zutaten

330 g kaltes Wasser
450 g Weizenmehl, Type 550
50 g Roggenvollkornmehl
10 g frische Hefe
10 g Meersalz
150 g Walnüsse

1. Wasser, 350 g Weizenmehl und Roggenvollkornmehl in den Mixtopf geben und **20 Sekunden/ Stufe 1** vermischen, dann 20 Minuten ruhen lassen.

2. Die Teigmasse von Rand und Spatel lösen, die restlichen 100 g Mehl, Hefe und Meersalz hinzufügen und alles zusammen **3 Minuten/ Teigknetstufe** verkneten. Anschließend die Walnüsse zugeben und weitere **30 Sekunden/ Teigknetstufe** unterkneten, in eine Schüssel umfüllen und zugedeckt an einem warmen Ort ca. 30 Minuten gehen lassen.

3. Jetzt den Teig mit bemehlten Händen in 3 Teile teilen und jeweils zusammenlegen. Die Teiglinge anschließend weitere 30 Minuten ruhen lassen. Danach mit bemehlten Händen in die endgültige Form bringen, auf ein mit Backpapier belegtes Blech setzen und weitere 30 Minuten ruhen lassen.

4. Den Backofen auf 230°C Ober-/Unterhitze vorheizen. Damit das Brot schön knusprig wird, eine ofenfeste Form mit ca. 300 ml Wasser füllen und im Backofen mit aufheizen.

5. Die Teiglinge mit einem scharfen Messer einschneiden, auf diese Weise platzt die Kruste nicht auf. Das Blech in den vorgeheizten Backofen schieben. Nach ca. 10 Minuten den Backofen öffnen, überschüssigen Dampf abziehen lassen und die Temperatur auf 210°C reduzieren. Anschließend noch ca. 15–20 Minuten fertig backen.

Weinbergpfirsich-Pesto

Zutaten

60 g Walnüsse
60 g Parmesan oder Pecorino
½ Knoblauchzehe, geschält
½ TL Meersalz
200 g eingemachte rote Weinbergpfirsiche, selbst eingemacht s. S. 106, oder zu beziehen über z.B. www.zehnthof.info
50 g Olivenöl

6 Portionen | leicht | 10 Minuten

Alle Zutaten bis auf das Olivenöl in den Mixtopf geben und **10 Sekunden/ Stufe 7** pürieren, dann mit dem Spatel nach unten schieben. Anschließend auf **Stufe 3** schalten und langsam über ca. 1 Minute das Olivenöl einlaufen lassen, abschmecken und in ein Glas umfüllen.

Das Weinbergpfirsich-Pesto schmeckt sehr gut zu frischem Brot, sowie zu gegrilltem Fleisch und Gemüse.

Weinbergpfirsich-Konfitüre mit Vanilleschote

 ca. 4 Gläser à 200 g  leicht  15 Minuten + Sterilisier- und Kochzeit

1. Zum Sterilisieren die Marmeladengläser einfach mit der Öffnung nach unten in den Varoma stellen, Wasser in den Mixtopf geben und **20 Minuten/ Varoma/ Stufe 1** sterilisieren. Die sterilisierten Gläser beiseite stellen und den Mixtopf leeren.

2. Weinbergpfirsiche in den Mixtopf geben, einwiegen und **20 Sekunden/ Stufe 6** pürieren. Die Reste mit dem Spatel nach unten schieben. Dann das Mark der Vanilleschote auskratzen.

3. Vanilleschote und -mark, Vanillezucker und Gelierzucker zufügen und **10 Sekunden/ Stufe 3,5** unterrühren. Anschließend **13 Minuten/ 100°C/ Sanftrührstufe** ohne Messbecher kochen. Am Ende der Kochzeit die Vanilleschote entfernen.

4. Den entstandenen Schaum **10 Sekunden/ Stufe 4** unterrühren.

5. Die Konfitüre sofort heiß in die Gläser füllen, gut verschließen und 5 Minuten auf den Kopf stellen.

Zutaten

500 g Wasser
1000 g Weinbergpfirsiche, gewaschen, entsteint, gewogen
1 Vanilleschote
2 Pck. Vanillezucker
500 g Gelierzucker 2:1

außerdem:

4 Marmeladengläser à 200 g, sterilisiert

Quitten-Chutney

Zutaten

400 g Wasser
Saft von 1 Zitrone
3 Quitten (à ca. 300 g), gewaschen, geschält, geviertelt, Kerngehäuse entfernt
4 Zwiebeln, geschält, geviertelt
1 Stück Ingwer (ca. 1 cm), geschält
50 g Rapsöl
125 g Zucker
125 g Apfelessig
225 g Apfelsaft
Salz & Pfeffer

außerdem:

4 Gläser à 125 ml, sterilisiert (s. S. 131)

 4 Gläser à 125 ml  leicht  20 Minuten + Kochzeit

1. Wasser und Zitronensaft in eine Schüssel geben. Die Quittenviertel in grobe Würfel schneiden und sofort in das Zitronenwasser einlegen.

2. Die Zwiebeln und den Ingwer in den Mixtopf geben und **5 Sekunden/ Stufe 5** zerkleinern, dann mit dem Spatel nach unten schieben. Das Öl zufügen und **4 Minuten/ 120°C/ Stufe 1** andünsten.

3. Die Quitten in ein Sieb gießen und abtropfen lassen. Die Quittenstücke in den Mixtopf geben und **2 Minuten/ 120°C/ Stufe 1** andünsten. Zucker zugeben und **5 Minuten/ 120°C/ Stufe 2** weiter dünsten, dann mit Essig und Apfelsaft ablöschen und **4 Minuten/ 100°C/ Stufe 2** aufkochen. Danach weitere **40 Minuten/ 80°C/ Stufe 2** ohne Messbecher köcheln lassen, dabei das Garkörbchen als Spritzschutz aufsetzen. Abschließend mit Salz und Pfeffer würzen.

4. Noch heiß in die vorbereiteten Schraubgläser füllen und kurz auf den Deckel stellen.

Schmeckt perfekt zu Käse!

Quittengelee

4 Gläser à 300 ml | leicht | 80 Minuten inklusive Kochzeit

1. Die Quitten waschen, den Stiel und die Blüte entfernen und samt Schale und Kerngehäuse in Würfel schneiden. Die Quittenstücke in einen Topf geben, mit 1 ½ Liter Wasser bedecken, den Zitronensaft zufügen und circa 45 Minuten weichkochen. Anschließend ein großes Sieb mit einem feuchten Passiertuch auslegen, auf einen großen Topf stellen, das Kochgut hineingießen und den Saft ablaufen lassen. Die Quittenmasse gegebenenfalls beschweren, damit der komplette Saft austritt. Den gewonnenen Quittensaft vollständig abkühlen lassen.

2. 1000 g Quittensaft in den Mixtopf geben, den Gelierzucker zufügen und **10 Sekunden/ Stufe 3** vermischen, anschließend **13 Minuten/ 100°C/ Stufe 2** ohne Messbecher einkochen.

3. Das Quittengelee sofort heiß in saubere Gläser füllen, diese verschließen, 10 Minuten auf den Kopf stellen, dann wieder umdrehen und vollständig erkalten lassen. Kühl und dunkel lagern.

Zutaten

2000 g Quitten (ergeben ca. 1000 g Saft)
40 g Zitronensaft
1000 g Gelierzucker 1:1

außerdem:
4 Gläser à 300 ml, sterilisiert (s. S. 131)

Feigensenf

Zutaten

3 EL Senfkörner
1 EL Pfefferkörner
350 g Feigen, gewaschen, Stiele entfernt, grob in Stücke geschnitten
3 EL Aprikosen-Konfitüre
75 ml Obstessig
2 EL brauner Zucker

außerdem:
4 Gläser à 125 ml, sterilisiert (s. S. 131)

 4 Gläser à 125 ml  leicht  25 Minuten + Kochzeit

1. 1 EL Senfkörner und Pfefferkörner in den Mixtopf geben und **5 Sekunden/ Stufe 10** fein zerkleinern. Mit dem Spatel alles nach unten schieben. Die restlichen Zutaten und 2 EL Senfkörner dazugeben und **8 Minuten/ 100°C/ Stufe 1** aufkochen, anschließend **7 Minuten/ 80°C/ Stufe 1** köcheln lassen, dann **10 Sekunden/ Stufe 4** pürieren.

2. Noch heiß in die sauberen Gläser füllen und gut verschließen.